JN418018

별을 주워담는 가난

이겨울 시집

시와 사람

별을 주워담는 가난

2024년 8월 5일 인쇄
2024년 8월 10일 발행

지은이 이겨울

펴낸이 강경호 편집장 강나루 디자인 정찬애
펴낸곳 도서출판 시와사람
등록 1994년 6월 10일 제 05-01-0155호
주소 광주시 동구 양림로 119번길 21-1(학동)
전화 (062)224-5319 E-mail jcapoet@hanmail.net

ISBN 978-89-5665-727-1 03810

공급처 ■ 한국출판협동조합
경기도 파주시 탄현면 오금로 30
주문전화 (02)716- 5616, 070- 7119- 1740

· 잘못된 책은 구입하신 서점에서 바꾸어 드립니다.

이 도서의 국립중앙도서관 출판예정도서목록(CIP)은
서지정보유통지원시스템 홈페이지(http://seoji.nl.go.kr)와
국가자료종합목록 구축시스템(http://kolis-net.nl.go.kr)에서
이용할 수 있습니다.

© 이겨울, 2024
저작권에 의해 보호를 받는 저작물이므로
출판사와 저자의 허락 없이 무단 전재와 복제를 금합니다.

별을 주워담는 가난

작가의 말

창호지에 불이 붙듯
타들어 가는 시의 심지를
눌러두고 지낸
내 죄가 크다.

시보다 음악에 빠져서 게으름 묻은 3집이다

그래도 아직 배달되지 못한
내 시의 비밀들이
여기저기서 움트는 소리에
하루하루가 마냥 즐겁다
자별한 평설을 써주신 김종 교수님께 감사드리고
내 시를 사랑해주는 모든 분들께
더 좋은 시로 보답할 것을 약속드린다.

2024년 무등산의 초여름 앞에서
이겨울 삼가

서문 · 6

1부 시간의 명령

16 밤배
18 오래된 나무그늘
19 갯마을 주막집
20 그 소녀
21 안개 숲
22 강물이 하는 말
23 흉년
24 시간의 명령
26 군불
27 마중물, 너 때문에
28 불쌍한 허무
29 하얀 외출복
30 햇살을 깔고 앉아
31 연기의 길
32 한여름밤의 편지
33 봄이 나를 불러
34 소문
36 헛바퀴만 돈다
37 그 소리

어느 배우의 독백 38

2부 물음표는 누구인가

무지개를 보면 42
빨래집게 43
붉은 놀이터 44
신발에게 45
살맛나는 세상 46
달빛 시인 47
분노의 물꽃 48
두꺼비 사진관 49
12월의 독백 50
마라도에서 51
계절의 대문 52
유자꽃 53
낙서 54
고목나무 아래서 56
물음표는 누구인가 57
이상한 여자 58
강아지 왈츠 60
걱정 61
절뚝거리는 상여소리 62
가불하다 64

3부 풀꽃을 노래하다

66 이별
67 후회
68 비밀
69 오래된 집터
70 둥우리
71 저승 꽃밭
72 안개, 입이 있다
73 맨발의 악사
74 풀꽃을 노래하다
75 갯마을에 내리는 노을
76 슬픔을 가지고 놀다
77 산수유 꽃
78 영혼의 무게
80 가랑잎 걷는 소리
81 섬에서 · 1
82 섬에서 · 2
83 섬에서 · 3
84 그럴 것 같다
85 시간 그놈

4부 기억의 탑

노을 한 줌 담고 88
뻘배 89
내 안의 감옥 90
바람 주먹이 내 이마를 친다 91
오동나무 천년소리 92
재봉틀 소리 94
낮술쟁이 96
쥐불놀이 중이다 97
가을 울음 98
노을 물든 바위에 누워 100
베토벤 운명 교향곡을 듣다 101
내 맘의 호수 102
계산된 철길 103
기차역 104
기억의 탑 105
낡은 필름속으로 106
얼척없는 일 107
단풍잎 108
나는 악기다 109
메콩강에서 110

5부 자유로운 영혼

112 묻혀진 이야기
113 너의 울음에서 몇 방울의 뼈를 기억하다
114 바다의 깊이
115 초승달 · 1
116 초승달 · 2
117 황진이
118 황혼에 돛을 달고
119 휘파람 소리
120 엄마꽃
121 철부지 생각
122 5월의 향기
123 서쪽 바다
124 식혜가 짜다
125 볼우물 손님
126 그 집 엄니
128 자유로운 영혼
130 충계 아코디언
131 오솔길을 빨래하여 널었다
132 눈빛이 재산입니다

| 작품론 |

133 갯바람 푸른 관절을 감싸 도는 시편들 | 김종

별을 주워담는 가난

제1부

시간의 명령

과즙처럼 터진 햇살에 구름은 숨고
흩날리는 잎들의 춤사위
내 청춘은 나이에 불복한지 오래다

밤배

어둠이 내리는 선창가
갯바람 푸른 관절이 나를 감싼다

널려있는 그물만큼이나
내 몸을 휘감던 희로애락
옹졸한 흉터들은
하나 둘 부표처럼 떠오르고

살아 꿈틀대는 목숨을 밝히고
목마름 같은 얼굴들만 된통 그립다
좋아하는 밤바다는
와도 가도 그리움 뿐

갈까 말까 뒤척이던 밤배 한 척
돌아갈 항구를 잃은 걸까
뱃고동 소리는 흉내낼 수 없다지만
출렁출렁 말을 하는 벙어리 밤배
황진이 집 앞처럼
늘상 지독한 그리움에 서성인다

아직도 가고 있는 나의 밤배
나는 어디쯤에 정박할까

내 몸의 그리움을 붕대처럼 풀어서
이불처럼 덮으려다 멀리 던졌다.

오래된 나무그늘

저녁이 오면 버려지는 그늘
개미가
제 몸집보다 더 큰 먹이를 끌고
나무 그늘을 찾다가
홈이 패인 돌멩이 위에서 쉬어 간다

구겨진 목에 수건을 두르고
그늘을 찾아 앉은 노부부
시린 삶의 등골을 나무 그늘에 풀어놓고
억만 시름 접어 한숨소리로 날린다

등을 오그리고 간신히 앉은
노부부의 가쁜 숨소리
쉬는 만큼 가벼워져야지
녹슨 뼈마디도 시원해져야지

부르튼 구름 발바닥이
뒤뚱거리며 쉬려고 내려온다.

갯마을 주막집

밤안개 자욱한 초저녁
갯마을 주막집은
하루 일을 끝낸 어부들의 뒷풀이장이다
술잔을 비웠다 채웠다 회포를 푸는 어부들
리듬도 겉도는 노래 한 곡조 빠지지 않는다
두 눈 게슴츠레해지면
허리 굽은 주모도 여자로 보이는 어부들
양은 탁자에 젓가락 장단은 주모 몫이다

하루하루 밥줄인 바다를
헤엄쳐 나온 외롭고 긴 영혼
밑천이 필요 없는 '바다'라는 희망의 땅
굵은 심줄이 툭툭 튀는
해풍에 그을린 어부들의 구릿빛 팔뚝
갯마을 주막집의 반딧불 같은 저녁.

그 소녀

제 눈빛으로 키워놓은 들판을
가만히 쓰다듬은 가을 햇살
풍금소리 은은했던 옛 교실에도
잊지 않고 찾아가겠지

제 갈비뼈를 두드려 가을을 연주해준 바람도
먼지 낀 건반 위를 걸으면서 흔적을 남기겠지

풍금 앞에서 동요를 부르던 소녀는
어느 고목나무 아래서
철 잊은 풀벌레처럼
소리 없이 울고 있겠지

세월이 무겁다는
투정조차 버거운 나이가 돼 버렸을 그 소녀

가을도 나이도 잊은 채
망각의 울 안에서 울고 있겠지

그때도 울보였던 그 소녀가 궁금하다.

안개 숲

안개가 왜 여기까지 와서
하얀 숲을 이룬지는 안개만이 안다
침묵만이 흘쩍거린 안개 숲에
안개와 한몸 되어 서 있다

침묵이 목숨을 다할 때까지
정적을 깰 수 없는 순간
포동한 안개의 손등 만지면서
나도 안개 숲이 되었다

바람의 장례식이 끝났는지
모을 수 없는 눈물 몇 방울 떠있다
바람의 무덤 곁에는
날개 상한 새 한 마리 누워 있다

안개 걷히면 침묵과 나는
숲이 아닌 적막의 늪에
날개 잃은 새 같이 갇혀야 하는지

떠나는 안개에게 물어 봐야겠다
이것도 안개만이 알 일이다.

강물이 하는 말

강물은 그랬다
어디로 가느냐고 묻지 마라고
그저 머물 수 없어서 흐른다고
아무도 붙잡지 않아서 흐른다고
흐르다가 운 좋아 호수가 된다면
모아지는 기억의 아름다움에 잠길 거라고

강물은 그랬다
발자국에 입 맞춰준 풀잎에게도
얼굴을 매만져준 바람에게도
순하게 작별 인사하고
지금 바다로 가는 꿈을 안고
시처럼 흐르고 있다고

강물은 그랬다
슬픔도 지나면 그립고
기쁨도 지나면 괴로운 것임을 아느냐고

평화 같은 얼굴에 미소 그리면서
미완성 시처럼 흘러가고 있는 저 강물.

흉년

웬 놈의 떠뿌리는 그렇게도 씹었을까요
단물도 안 나오는 가뭄 든 떠뿌리

세상이 흉년 들면
울 엄니 젖가슴도
논둑길 떠뿌리도
흉년이 들었지요

보타버린 울 엄니 젖가슴
말라버린 논둑길 떠뿌리
흉년 속에 울고 있었지요

회오리바람 쫓아 논둑길 쏘다니다가
집에 가면 무엇을 하고 놀았을까요
유행같이 벽에 붙여 놓은 껌도 없고
울 엄니 빈 젖만 빨고 놀았지요.

시간의 명령

누구의 편에도 설 수 없다는 시간
생각의 밑동에 실어증이 온다해도
시간의 명령에 따라야 하리
성장을 멈춘 키 작은 해송도
시간의 명령에 따르다가
하루를 둘둘 감고 잠이 들었다

어둠이 얇게 깔린 하늘
시간에 얹힌 초저녁 별 한 개
태어나려고 작은 가시발로
발버둥치는 소리 애잔하다

흐린 강물 같은 양철집 저녁 연기
허공은 어둠뿐인데
머리 풀고
하늘로 오르는 이유를 모르겠다

상한 어둠을 들이키며
시간의 꼬리에 매달려
도살장 가듯 가고 있는

내가 불쌍한 이유도 모르겠다

저것 봐
시간의 명령은 언제나 밀봉이야
강물도 유유히 길 가고 있다.

군불

아랫목 이불속에 손을 넣어 보는 엄마
구둣돌이 식으면 추울까 봐
늦잠 자는 딸에게 군불을 지펴준다
불쏘시개 없다고 궁시렁 궁시렁
새벽어둠을 한참 휘젓는다

탁탁 치는 부지깽이 소리
훨훨 장작불 타는 소리
봉창 틈으로 새어든 냉갈냄새
굴뚝 위에서 내 유년이 춤을 추고
적막을 어루만지는 연기는
쉬 집을 떠나지 못한다

사그라든 군불의 마지막 들숨소리
엄마의 시름은 재가 되고
가슴앓이 붉은 재가 되어 눕고

검은 벽에서 굴러 나온 고구마의 노란 향수.

마중물. 너 때문에

마중물 대신 불평불만이 주는 죗값
남편에게 순종하지 않는 죄로
주홍글씨 같은 한 줄의 흉터

시댁에 안 간다고
가부장의 기세를 부린 남편 때문에
어리석게도 화풀이를 펌프질에 했다
'수돗물은 주조장 소주 내린 식으로 받아서 쓰자'는
주인의 생활철학
비누 묻은 손으로 빨래를 하면서
마중물 없는 빈 펌프질을 했다
눈물이 고여 마중물 되었으면 좋으련만
손은 하늘로 튀고 펌프 손잡이는 턱에 멈췄다
눈물범벅 턱은 무화과 같이 벌어졌다

40여 년 전 작은 동네 의원
의사는 시골 무쇠 솥뚜껑 같은 손으로
턱을 울퉁불퉁 낙서 같이 꿰맸다
마중물 때문에 생긴
영원히 지워지지 않는
주홍글씨 같은 흉터.

불쌍한 허무

날개와 날개가 부벼대는 불쌍한 허무
한 기억이 또 다른 기억을 더듬네
두 울음이 만나
아무도 해독 못할 언어의 집 한 채 짓겠다는
그 희망은 어디로 갔는지

일곱 해 동안 어둠에서 다듬어온 목청
짝 찾는 소리마저 매정한 거미줄에 걸려
한 순간에 거미의 밥이 되기도 했네

울어도 울어도 울음이 모자라서 칭얼대는
불같은 짧은 생의 노래
매미 울음 그치니
구름 높은 가을이 오고 있네.

하얀 외출복

가을은 부음을 전달하는 집배원이다
어디엔가 관짝들에 눈물이 고이고
비바람에 비문 씻겨내리는 소리

뼈 없는 장애 같은 언어들이
조문의 깃발 같은 문장들이
정직한 시간 위로 나풀거리고
가을은 슬픔의 도가니 같은 공동묘지

시간의 잔뼈 틈새에서
압축된 폐지처럼 눌린 채
가을에는 인생 멀미를 한다

언제 입을지 모르지만, 나도
가을에 떠날 하얀 외출복을 준비할 나이다.

햇살을 깔고 앉아

코로나 예방약이라는 소문에
따끈한 햇살을 깔고 앉아
축축한 주름의 깊이를 말린다

시간과 여유롭게 놀기 얼마만인가
어른 아이가 되어
초등학교 때 써 본 반성문을
마음의 낙서장에 써 본다

효도 못해 죄송한 마음
미처 소화시키지 못한
미안한 문장들
헝클어진 단어들
아직 꺼내보지도 못하고
쫓기는 깡통 소리에 멈추고 말았다
다시 백지로 남아버린 허연 마음

허기를 채우려고 구걸 나온 빈 깡통
바람의 꼬리라고 하기엔 너무 무겁다.

연기의 길

서산마루에 해가 걸리고
천수답 언저리에 흙집 한 채

밥 짓는 연기가
가볍게
머리 풀고
허공에 피어오르다가
멀리멀리 날고 싶었다

그래, 바로 저것이야

아직도
내가 가보지 못한
저 저녁연기 같은
머나먼 하늘의 길을.

한여름밤의 편지

왜 이리도
밤이 죄처럼 길까요
모기도 밤이 지루하나 봅니다
약물 세례를 받고도
나를 꼬집고 노는 모기의 모진 목숨

혼자 뒤척이는 여름밤
나를 위로해주는 것은 음악소리뿐
멘델스존의 '한여름밤의 꿈'을 듣다가
내게서 막을 내려버린 사랑에게
부칠 수 없는 편지 한 장 써 보고 싶었습니다

'기다림도 매만지면 달빛 되어 온다기에
한평생 기다림을 매만지며 살았건만
치유되지 않는 상처만 키워 왔습니다
이젠 징소리 없이도 그만 막을 내려야겠다'고
시작한 여름밤 편지

사랑이여!
'갈팡질팡 내 마음 동구 밖 그리움으로
남기겠다'고 끝을 낸 여름밤 편지.

봄이 나를 불러

봄이 나를 불러 노래꽃이 되라 하네
봄 한복판에 노래꽃이 된 나는
봄에게 부탁했네
연식이 오래되어 먼 곳은 힘이 드니
음표에 확성기를 달아달라고 했네
먼 곳의 친구가 좋아하겠네

페이지 없는 봄 안개
허락도 없이 내 발목을 잡네
매정스레 돌아설 수 없어서
안개 노래를 불렀네
이 환장할 봄날의 무게를 어쩌리오
봄노래와 안개 노래를 계속 불렀네

허공을 가르는 새들의 숨소리
내 노래의 걸림돌이 되었지만
이런 날은 용서해 줘야겠네.

소문

서운한 마음 악의 꽃이 될까 두렵소마는
내 집안 소문 좀 내볼라요

한 밤중에 대형 사고가 났지요
머리가 부풀고
머리칼은 풀 먹인 실같이 꼿꼿해지고
물레방아 돌아가듯
수십 바퀴를 빙빙 도는 순간
먹은 것은 온몸의 구멍을 찾아 기어 나왔지요

그 순간
무슨 상황인가요 이 남자
구급차에 실어 놓고 '청신 좀 드냐'고 하더니
'카드 어디 있냐'고 물었어요
'저기 가방에'라고 소리쳤더니
잘도 찾아내요
못 듣는 척 할 걸 후회가 되요

마누라한테 차용증 받기 선수님
돈 모아서 자식들 주는 재미가 쏠쏠한

인제는 효도 점수 높은 자식 준다고
마누라 호주머니만 기웃거리면서
호주머니를 안 열어요
어쩐가 보게 냅둬 볼라요.

헛바퀴만 돈다

재미없는 술래잡기 같은 나날들
코로나19 때문만이 아니다
봇짐장사 수첩 같은 나날들
누워도 보고 웅크려도 보고
불붙는 강아지 같이 뒹굴기도 하고
거실과 침실은 상처투성이
내 몸 부딪힌 곳은 모두 아픔이다

악기하고 장난감 같이 놀아보고
닭 모이 쪼듯 컴퓨터 자판을 쪼아보고
TV 리모컨을 반죽하다가 잠이 든다

이럴 줄 알았더라면 줄담배라도 배울걸
처연히 피어오른 냉갈꽃이나 구경하게
한심한 나의 하루는
바람 빠진 바퀴
헛바퀴만 돈다.

그 소리

가을비 내린 날은
'창가에 우두커니 있지 말라'던
너의 말을 잊고, 그만
창가에 앉아 커피를 마셨다

채워지지 못한 사랑의 갈증은
마른번개가 찢어놓고 가고
우는 것도 내 맘대로 못하는
차라리 천둥 번개로 우는
여름비가 되고 싶었는데
겨우, 풀잎 적시는
가을비가 되고 말았다

입술 잠그고 가을비로 우는
내 마른 울음소리를
네가 어찌 알겠냐만

울 엄니 가슴에 못질하는
울 엄니 관에 후다닥 못질하는
그 소리만큼이나 서러운 걸
너는 모르리.

어느 배우의 독백

엄동설한 할머니를 맨땅에 눕히고 돌아서는데
억장이 무너져 울지도 못했다
젖먹이를 내던지고 도망친 엄마
나는 할머니 보부짐 속에서 자랐다
사고로 다리를 잃은 아이의 신발을 주워다 주면
무작정 좋아했던 철부지
누가 동냥자루에 음식을 넣어준 날은
할머니와 포식했던 넝마주이 소년
남들이 흘린 것을 온종일 주워 와서
그것이 가장 빛났던 시절을 채취하여
햇살에 다시 말려서 썼던 지독한 가난
가난에 묻혀 늙어 보지도 못하고 떠난 할머니
관 만들 돈이 없어 꽁꽁 언 땅에 그냥 눕히고
눈물 대신 상여 소리를 했다
바닥이 차다고 벌떡 일어날 것 같은 할머니
손주 돈 없는 줄 알고 참고 계셨을까
평생 해드린 것은 흰 고무신 한 켤레
아까워서 못 신고 저 세상까지 안고 가셨다
돈 벌면 오동나무 관 속에 모신다는
그 약속 이제야 지켰다

가난만이 죄인 양 나를 달랬던
꿈 대신 가난의 눈물을 더 삼켰던
삶의 궁핍이 부끄러운 줄도 몰랐던
휘어진 내 청춘이여.

제2부

물음표는 누구인가

하루살이 같이 달라붙는
답이 없는 물음표
인생도 그저 물음표라네

무지개를 보면

낯선 표정 위에 바람이 분다
무지개가 흔들린다
저 쥐어지지 않는 실루엣
움직이면 끊길까 봐
숨소리에 놀랄까 봐
마음 졸였던 그날

그 옛날 봉긋한 다리 같은 어린 기억
햇살은 겁에 질려 제 꼬리를 자르고 도망가고
저 세상인 양 하늘을 정복하는
무등산 자락에 굽은 등으로 피어 오른 무지개꽃

무지개를 보면
내 낡은 옷가지 몇 개 걸어놓고
절뚝거린 언어들 풀어 요술을 부리고 싶더라
누가 언어의 사기꾼이라 놀려도 좋으리.

빨래집게

베란다 빨랫줄로 눈이 간다
저 집게에 꽂을 것 하나 있다
질리도록 마르지 않는 것
낙엽의 끝물같이 말려 버리고 싶은
그대가 주고 간 눈물

빨랫줄은
젖은 몸뚱아리들의 집합소
곡예사는 외줄이 제집인 양 잘도 놀더라만
저 애잔한 빨래집게들
이빨 시린 표정 한 번 못하고
무슨 간절한 운명의 꼬리 같이 물고만 있다

하품 한 번 못하고
의무를 다하는 굳은 표정
벙어리 성직자 같은 빨래집게

추억도 말려주고
설움도 말려주고

시간도 말려서 멈추게 하면 좋으련만.

붉은 놀이터

수평선이 뭔지도 모르고
눈에만 담았던 어린 시절
파도소리 귓가에 모래알처럼 쌓이고
모래밭에는 소금 같은 별들이 쏟아졌다
별 하나 점화되어 불바다가 된
갯마을 저녁놀

저녁놀 깔린 모래밭이 놀이터인 양
물결처럼 달리던 태평스런 소녀
붉은 놀이터가 사라진 줄도 모르고
꿈을 줍다가 어둠에 묻혀 울고

개펄에 떨어진 해의 발바닥을 주무르며
조개를 캐던 엄마는
소녀를 등에 업고 집으로 간다

한 많은 생을 부둥켜안고
신세타령 하는 엄마
엄마의 서러움이 더 붉었다.

신발에게

헌 신발을 한 무더기 내다 버리면서
나 때문에 만신창이 된 신발에게
'미안하다'는 말 한 마디 못했다
궂은 일 마다 않고 나를 상전 모시듯 했는데
왜 그리 고마움에 인색했던지

나를 싣고 다닌 든든한 배
내 분신 같은 영원한 길동무
너와 함께라면 길이 아닌 길도 길이 되고
숨은 길도 동 트듯 환해졌는데
한 번이라도 넘어지면, 너는
왜 그리도 미안해하던지

발길 가는 곳마다 함께 해준 너 때문에
내 삶을 메모하고 다닌 너 때문에
지금까지
바른생활 교과서 같이 살고 있다
고맙다 신발아.

살맛나는 세상

세상을 등지고 싶어서 눈보라 속을 헤맨다고 하자
신발이 살을 물고 찢겨나가고
세파에 시달린 영혼의 상처가 너덜너덜
연륜이 오래된 인형 같이 변한다 해도
살아야 할 이유 하나 있겠다
지금 누군가가 한 켤레 신발을 안고
눈보라 속을 달려오고 있을 거라는
이 행복한 예감이 나를 붙잡을 수 있겠다

햇살 부여잡고 얼어붙은 발을 녹여보고
나뭇등걸에 기대어 뼈를 바로 세워 보고
그러다가 심장이 멈출 수도 있겠다는 두려움에
산짐승처럼 울고 있을 때
누군가 달려와 꽁꽁 언 내 발을 체온으로 녹여
신발을 신겨 줄 것이라는 상상 때문에

그 순간은
살맛나는 세상이라고 말 하련다.

달빛 시인

모닥불 먼저 피우고 멍석을 깔자

초대하지도 않은 모기들은 노래 연습에 바쁘다

달빛으로 상보 깔고 저녁상을 차리자

논두렁에서 개구리 울어대고
밥상 위로 버릇없이 기어 오르는 모닥불
머리카락 흩날리고 미운 안개로 피어오른다

달빛 숭늉 빈 놋그릇에 가득 찬다

달빛 숭늉을 혼자서 떠먹고 자란, 나는
달빛 같은 시를 쓰고 있다.

분노의 물꽃

하늘도 아파하며 땅에 누웠다
세상은 검은 평면이었다

고립된 섬
시민은 버려진 사냥감
향불 연기 광주를 가득 메웠던 그날

지금도 오월에는 머리가 하얘진다
천형의 죄인 양 넋을 잃은 시선들
말을 잃은 것이 슬픈 의무가 되고
다윗과 골리앗의 싸움을 생각하게 되고
어쩌란 말이냐
생각의 수레바퀴는 그 시간에 멈춘다

불꽃같았던 그날의 아우성이여
눈을 뜬 채 가버린 억울한 영혼들이여
못 다한 말들 눈물 되어 분수대에 걸렸다
5·18 민주광장 분수대는
오늘도 어제도
분노의 물꽃으로 광주를 지키고 있다.

두꺼비 사진관

여권 사진 찍었던 오래된 두꺼비 사진관
지나던 구름이 사진관 지붕에
건방지게 두 발 걸치고 사진을 찍으려 한다
짐차들도 사진관을 지날 때는
브레이크로 살살 리듬을 타면서
한 장의 추억을 남기고 싶어 한다

인제야 영정 사진을 찍으러 온 구안와사증 할머니
할머니 혓바닥 아래는
적어도 수천 권의 어학사전이 들어 있을 텐데
한 줄의 문장 대신 침만 흘리고 있다
마지막 모습을 남기러 온 그늘진 얼굴 앞에
그래도 턱수염 주인은 입 꼬리가 올라가고
어설프게 웃음을 보이는
영화 포스터 실버 배우 같은 할머니
마지막 모습을 사진관에 남기고
상처 난 은행알처럼 굴러 나온다.

12월의 독백

12월이 되면 그리운 것들 꼬리만 보이고
마지막 잎새같이 한 장 남은 달력
시간 끝에 걸린 숫자 12월
타들어 가는 냄새 씁쓸하다

일년의 풍성한 날들을 나는 어떻게 보냈을까
허송세월로 시간을 바로 쓰지 못한 자책

지천명이 되면
'제 얼굴은 제가 책임지라'는
그 약속 지키느라 애써왔는데
낙서로 얼룩진 12월의 내 얼굴

어렵사리 걸어온 내 발자국의 무게
12월의 달력에 풀어 놓으면서
그래도 내가 나를 칭찬한다
여기까지 무사히 와 줘서 고맙다고.

마라도에서

어느 독신녀 화가가
마라도에 반해서 신접살림 차렸다는 소문
말뚝 같은 팔뚝을 가진 어부의 등판에 업힌 채
마라도에 닻을 내리고 말았다는
전설 같은 소문 믿기로 했네

나무가 귀한 민둥섬
살아있는 것들의 숨소리 고요하고
바람도 귀한 손님이었네
땡볕 더위에 바람 한 점 없는데
들꽃 한송이 외롭게 흔들리고 있었네

마라도에 와 보니
갇힌 자들이 풀려나온 자유
내 모습이 별나게도 위대하게 보였네

팔뚝 큰 어부가 아니면 어떠리
해풍에 다듬어진 바위 하나 품고
한 백년쯤 살고 싶어지네.

계절의 대문

9월은 가을의 대문입니다
9월은 여름의 등을 떠밉니다
매미의 장례식에 지친 끝여름은
정들었던 장미꽃의 위로를 받아보지만
마냥 슬프기만 합니다

연잎 소나기 난타 소리도 더 들어야 되고
솜사탕 같은 뭉게구름도 더 봐야 되는데
9월은 애처로운 시 한 편 들고 와서
가을을 노크합니다
'아직은' 하면서 망설이던 여름이
자물쇠 같은 9월의 노래에 쓰러집니다

장악했던 뜨락조차 빼앗긴 여름은
원망의 눈빛을 하늘에 두고 떠납니다
가을의 대문이 활짝 열립니다.

유자꽃

소녀의 마을엔 유자꽃이 하얗게 피었어요
유자꽃 사이로 파란 바다가 출렁이고
바다를 미끄럼 삼아 똑딱선이 지나 갔어요

툇마루 위에 긴 담뱃대 무시고 꾸벅거리는 할아버지
그 곁에 앉아 오롯이 잠이 든 소녀
그 집의 외로운 풍경이었지요

연락선이 남기고 간 부우부우 그 노래는
갈매기 나래에 묻어 마을 앞 까지 걸어오고
연락선이 한 소절 울 때마다 놀라서 떨어지는 유자꽃

유자꽃 꽃잎 떨어지는 소리에
그 마을은 참으로 섧기만 했지요.

낙서

어둠이 밀려 올쯤 숲의 갈림길에서 푸르스름한 안개가 피어오르고 메말라버린 이끼 속에서 바람의 슬픈 노래와 시 읊는 소리가 신음소리를 낼 때 듣는 것 보는 것조차 고통일 때가 있었어 나는 타고난 내 감성에 온통 사로잡혀 신들림을 느끼면서 그날의 신음 소리가 어느 죽은 시인의 목소리였을까 하는 당치도 않는 상상을 해 보았어 또 계절이 제 슬픔을 견디지 못하고 뒤범벅이 될수록 그 계절은 온통 내 것으로 만들었어 어느 해에는 여름이 농부가 제 밭갈이 하듯 뒤엎어질 때가 있었는데 하필이면 그 무렵 좋아하는 친구들끼리 홍도에 갔어 폭풍우 휘몰아치는 소리에 떨면서 민박집 방에 웅크리고 앉아서 양철지붕이 날아가는 소리를 귀 막고 들어야 했어 고무대야를 방 가운데 놓고 빗물을 받아가면서 뻥 뚫린 방안에서 성난 하늘을 쳐다보고 있었어 그때 시의 씨앗이 보였을 텐데 철없이 웃기만 했던 마흔 살의 그날 부끄럽게도 흔해 빠진 청춘만 노리개 같이 갖고 노느라고 바빴어 그래도 다행인 것은 타고난 감성 때문에 짧은 서정에도 미칠 줄 안다는 작은 소문 때문에 늦게라도 시인의 명찰을 달기는 했어 늙은 나이처럼 떨어진 꽃잎들 젊음의 환상처럼 하늘 한복판을 가로지른 먹구름 때 실연당한 사랑처럼 차가워지는 늦은 태양 이것 봐 글이 될 만한 것들은 모두 내 운명과 비밀스런 관계가 있다니까 아직 늦지 않았다고 생각하는 나는 낙서 같은 시인이 되고 싶어.

고목나무 아래서

찬란한 꿈들 다 어디에
계절 없이 가지를 흔들어 주던 바람
밤마다 찾아와 함께 놀아주던 별들
이제는 모두 떠나고
고목이란 이름만

뒤틀린 가지 갈라진 몸뚱이 사이로
꼬꾸라진 실핏줄이 흐르고
세들어 살던 산새 떠난 자리에
골다공증이 자리 잡고

너도 한때는 파란 잎 흔드는 청춘 있었지
나도 한때는 들꽃 향기에도 취해 보았어
네가 애달픈 달빛에 취해 있을 때
나는 적막에 젖어 강가를 노닐었어

시간의 선물을 거절 못한 채
수호목이 돼버린 너와 나
스쳐가는 외길 바람 소리
폐가처럼 스산하다.

물음표는 누구인가

삶이 요구하는 주문서 같이
물음표가 하루살이처럼 달라붙는다

하늘이 맑은 것만 봐도
누가 구름을 빨아 널었을까
바람의 각시들이 빨래를 걷어 갔을까
세금 미납 딱지 같이 들러붙는 물음표

어쩔 때는
누가 내 꿈도 빨아서 널어 주고
운이 좋은 날은
내 빛나는 달무리가 되기도 하는데
나에게 의문을 던질 때도 많다

바다가 구름의 빨래터라는 것
구름도 바다에서 익사한다는 것
하지만,
구름이 누구의 이불인지는 아직 모른다

웃음 웃는 저 구름은 누구의 이불일까
인생은 결국 하나의 물음표라는데.

이상한 여자

'나는 누구인가 이 고독한 물음이 나를 비웃는다' 고
중얼거린다

웅크리는 시간이 길수록 쑥쑥 자란 줄도 모르고 고
독을 품고 사는 여자

소박맞고 쫓겨난 듯 스스로 만든 감옥에 갇혀서
고독을 키우며

울어서 부서진 가슴을 다시 주워 넣고
영혼을 달래는 여자

고독은 나이 속에 나이테 같이 숨어서 사는
생명체다

혼자 듣는 빗소리에도 스며들어
허락도 없이 당당하게 커간다

어딘가에서 죽음의 곡소리가 들려오고
그것이 설령 피붙이의 죽음일지라도

함께 슬퍼해 줄줄도 모르고
미운 새싹 같은 고독만 키우는 여자.

강아지 왈츠

외로움에 투정 부리기엔 지나친 사치일까
어두운 방에서라도
나만의 빛나는 항아리가 되려고 애를 쓰지만
도리 하고만 놀다보니
거울에 비친 어눌한 내 표정
환절기를 잃은 병상 같이
갇혀진 감성을 토하는 내 기침 소리
놀라서 달려온 반려견 도리
팔목을 휘감고 발목을 맴돌고
삶의 전쟁놀이 같은 강아지 왈츠
잠들지 않는 라스베가스 밤물결같이
쉼 없이 찰랑 거리는 도리의 꼬리
하얀 음표 같은 그 꼬리는
G선상의 아리아 같은 한 줄의 선율
강아지 왈츠를 연주하는 유일한 악기다.

걱정

구름의 행군을 본다

질서를 잘 지키면서 먼 길을 간다

바람의 명령에 따라서 속도를 조절한다

언제 이 행군이 끝날지는 바람만이 알겠지

끝이 없는 저 길

푹신한 양말을 신어야 할 텐데

여린 발가락에 상처 날까 걱정이다.

절뚝거리는 상여소리

혼탁한 거품을 품어내는 울음 강이 되던 날
거리에는 붉게 삭은 생선 뼈 같이 널려 있고
식초에 절여진 오이 조각을 끌고 간 모습

도마의 칼자국처럼 새겨진 금남로 길 위에
억울하게 떨어진 아까운 살점들
꽃잎처럼 핑그르 떨어진 손바닥들
5월의 숫자같이 휘굽어 돌아온 비통한 기억

눈물샘도 빼앗긴 지옥의 거리
민주화를 외치다가 끌려간 무등의 자식들
금남로 은행나무도 피 묻은 땅 바닥에
아픈 문장을 쏟아냈으리

은행나무도 찢긴 그날의 함성
금남로가 쩍쩍 벌어진 그날의 총성
수술대 위에서 물기 없는 울음을 울듯
피 묻은 깃발 들고 헐떡이던 그 날의 상처
지금도 무장무장 귓전을 맴돈다

그날이 오면
광주는 절뚝거리는 상여 소리가 들린다
억울한 영령들의 목멤일까

육체는 빼앗겼어도 영혼의 언어는 살아있다
5.18 영령들이여!

가불하다

무엇을 가불하냐고요?
어처구니없게도 미래의 걱정을 가불합니다
걱정이란 가불병에 걸려서
내 얼굴은 마른 우거지처럼 바삭거리고
여름 햇볕에 하르륵 탑니다
날마다 앞산 뻐꾸기 울음에 매달리다 보면
온 몸에 창백한 꽃이 만발합니다
걱정 가불에 시간을 소비하다가
내 생이 누추해짐을 알았습니다
이제는 가불인생 말고
차라리 집착이란 밧줄 하나 잡아보렵니다
집착에서 얻은 용기 같은 꽃 한 송이 피워 보렵니다
비싼 무지개 한 줄 빌리면서까지
머리 싸매고 내일의 걱정에 눕지 않으렵니다.

제3부

풀꽃을 노래하다

풀잎들 머리카락 흔들리는 소리
어디에서 귀에 익은 푸른 노래
지금, 내 사랑은 긴 휴식 중인데..

이별

너와 나 사이에

무지개다리 하나 놓았다가

한두서너 번 흔들렸다가

내 마음 뒤쪽에서

기약 없이 끊어지고 마는.

후회

군것질이 부업인 양 잔뜩 늘어놓고
텔레비전 리모컨이나 깔딱거리고 있는데
강물과 나룻배 한 척이 카톡 선물로 왔다
남자 후배가 그 배를 타고 나오라고 한다
사공이 없는데 어떻게 가느냐고 했더니
안방까지는 모시러 갈 수 없고
나오기만 하면 목에 스피커를 달고
내 좋아하는 콧노래까지 불러주는
일등사공이 되어 주마고 한다
부실한 나를 데리고 어디로 가려고 했을까
거절하고 돌아서서
후회한 내 맘을 하늘이나 알는지.

비밀

금간 항아리 틈새로 기어 든 달빛
한 줄 그리움에 지친 듯 스러지고
무심한 시간을 구제받는 순간
잠자리 술래잡기인 듯 얼굴 맴돈다
너의 젖은 옷소매에 찔레꽃 향기
천년을 살아도 코끝에 걸려있다

얼굴 가려 우는 야윈 어깨가 부끄럽던 밤
몽고 반점만한 사랑도 배불리면서
달빛을 현악기 삼아 부르던 우리들 노래
꿈같은 고통이 눈물의 언어가 될 줄이야

금방 사라진 하품 같은 그 노래
물방울 같은 사랑이 적힌 노랫말
우박이 온몸에 구멍 숭숭 뚫어도
너도 할 수 없는 말
나도 마찬가지로 말할 수 없다.

오래된 집터

갈라진 비닐조각들이

서투른 모내기 같이 꽂혀있다

전봇대에 기댄 못다 핀 해바라기 꽃

까만 씨앗이 정겹다

흙더미 속에 반쯤 묻힌 낡은 공책

저, 서투른 글씨

어느 무명 시인의 미완성 작품일까.

둥우리

짜디짠 자반고등어 같은 희망
한 손이라도 쥐어 봤을까
국밥집에 세 발로 들어오는 노부부
절망을 희망으로 색칠하기엔 늦은 나이
헐거운 천 지갑이 삶의 질을 가늠한다
왼손으로 어설피 국밥을 떠먹는
후루룩 마시기엔 협동이 안 된 두 손
벌어진 입술의 흔들림이 눈물겹다
김이 나는 국밥 그릇에 모진 목숨 식혀가며
입안에 넣어야 하는 목숨의 거룩함이여
어떤 언어로도 표현 할 수 없는
어떤 생각으로도 닿을 수 없는
저 부부의 지친 삶의 여정
구석지에 뒤엉킨 하루살이 때의 마지막 혼돈
담벼락에 저 홀로 피어 영그는 분꽃 씨앗
와르르 쏟아져 밟히기 전에
어두워져 간 그림자 끌고 집으로 향한다.

저승 꽃밭

이별을 생각하게 하는 저승꽃
엄마는 얼굴에 저승꽃 핀다고 자꾸 약을 바른다
한 개 죽이면 또 한 개 새끼 친다고 중얼거린다
'안 그래도 갈라고 한디
내 얼굴 다 저승꽃밭 되면
어떻게 헤쳐 갈거냐'고
계절 없이 피는 저승꽃을 원망한다

엄마의 세월에 위로가 될 약 같은 말 없을까
'엄마, 어쩐가 보게 냅둬 붑시다 저 맘대로 피라고
저승사자 오는 길 막어붑시다'
'그라자 내 얼굴 저승꽃밭 되불면
길 잃고 못 와야 냅둬 불자
인자는 거울도 안 볼란께 저리 치워 부러라'

저승 꽃밭이 무성하기도 전에 엄마는 가셨다
몹쓸 기억들 저승 꽃밭에 숨긴 채
깡마른 세상살이 부려놓고 먼 길 가셨다

버벅걸음에도 벌써 도착 했는갑다
깊고 깊은 바위 속 울음소리 들린다.

안개, 입이 있다

안개에게도 입이 있다
안개와 절친한 석모도를 보라
왕성하게 안개가 먹지 않더냐

아무리 솔로몬 지혜라 해도
안개한테는 통하지 않는다
길을 걷는 연인들도
삽시간에 안개의 먹이가 되고

어둠까지 하얗게 표백시킨
안개의 지독한 아이러니들
뜨거운 가로등도
비틀린 다리 난간도
안개의 먹이가 되던 걸 보라

먹어도 먹어도 칭얼대는 안개
그 안개의 입을 본 사람은 아무도 없다
어머니 젖빛인 듯 순결하고 착한 안개
떠날 때는 하얀 빈손이더니
인생도 안개 닮은 한 마당이더니.

맨발의 악사

맨발의 악사가 강가에 앉아서
낯익은 곡조로 기타 줄을 뜯는다
조율도 안 된 기타 줄을 뜯고 있는 악사
성난 구름의 꼬리 같은 기타 줄을
손톱에 먹물 들도록 뜯고 있다
키타 줄 다 뜯기면 몸통을 강물에 던질 것인가
상처난 줄에 울다 지친 음표들
먼저 강물에 몸을 던진다
저 혼자 울던 바람이 말려 봐도 소용없다

늙은 산이 내려와 강물에 휴식을 취하고
누군가 던진 돌팔매가
흰 싸래기 꽃을 군데군데 피워 올릴 때
악사의 온몸이
트레몰로 주법처럼 흔 .들 .릴 .때
울컥 떠오른 너의 이름 석 자가
평화 같은 강물을 요동치게 하는구나.

풀꽃을 노래하다

시멘트 바닥이 갈라진 이유를 아시는지
몸을 부비며 어둠에서 키 자라는
초원의 노래들
산소호흡기로 버틴 목숨보다 질긴
가늘게 틈을 열어
그 실눈으로 숨을 쉬고
더 질긴 목숨을 연주하는
머리가 해지도록 고개 내밀다가
어느 큰 구둣발에 밟히기도 하고
밤이슬에 목 축이고 견디는 시간들
한줄기 빛 따라 뒤집기를 수십 번
고개 쳐든 풀대만큼 자존심도 높았다
사방 천지에 뿌리를 내려 놨고
어제 부는 바람도 지나왔나니
집채만 한 폭우에도 스치는 얼굴
햇살의 안온함도 미안해하지 마
고개 내민 틈새로 노래하는 풀꽃이여.

갯마을에 내리는 노을

청태 낀 돌 틈에서
갈바람 속삭이는 언어를 주워 담다가
노을 속에 잠기기도 했지

노을이 붉게 물들면
거무스름한 개펄도
노르스름한 내 얼굴도
천도복숭아처럼 달아올랐지

그때 내 얼굴을 상상해 보았어
누군가가 한 입 깨물지나 않았을까
개펄냄새 펄펄 났던 어릴 때 옹알이가
아름다운 시어가 될 줄 누가 알았으랴

갯마을에 내리는 노을은
항상 저무는 것들의 안쓰러움

일과를 끝낸 어부의 등 뒤에 밀려오는 안온함도
갯마을 골목에 드리운 늦은 오후의 연붉은 그림자도
다, 노을이 그려 준 풍경이더라.

슬픔을 가지고 놀다

슬픔과 놀면 별난 시인이 된다는 말을 믿었다

내 무시무시한 생애는 얼마나 매력덩어리일까

누가 볼까 가슴 부풀어 둘둘 감고 다녔다

내 슬픔은 겨울 바다 동백꽃처럼 잦아들 때가 많았다

겨울새 여린 날개가 공기의 핏줄을 건드릴 때는

슬픔을 데려가서 내 악기의 건반 위에 모시고 놀았다

부드러운 음자리로 배열해 놓고 놀아 주면

제각기 다른 소리로 튕겨 나와 또 다른 음의 날개를
달았다

슬픔과 놀면서 새로 태어난 나의 감성

지금은 찬란한 고통이자 뜨거운 희열이다.

산수유 꽃

봄이 산수유 꽃을 물고 온다는 소식에
구례 산동 마을에 갔다
봄을 맨 먼저 알리는 노랑 요정들
차조밥 파티 준비에 분주했다

햇살도 노오란 산수유 마을
담 모퉁이에 서 있는 노부부 머리
시간의 먼지만 흰빛이다
저승 간 엄마가 텃밭 귀퉁이에서
내가 좋아한 봄동 배추 버무려
차조밥 한상 차려 올듯했다

파란 하늘을 볼 수가 없는 산동마을
지체 높다는 하늘도 내려와서
제 빛을 잃고 관광객이 되었다
낯선 얼굴들
마주보는 주름살로 나이를 가늠해 보고
강황빛 웃음으로 서로의 경계를 허문다

산수유 가지에 앉아 나른한 하품을 하는 산새들
그냥 석고처럼 서 있기는 아쉬운 봄날이었다.

영혼의 무게

내 마음은 항상 검은 벽이어서
나만 영혼이 없는 껍데기로 사는 줄 알았다

언어가 폐쇄되고
생각이 닫혀질 때가 많아서
마주쳐줄 상대가 없어서
깊이 패인 슬픔일 때는
눈물을 선택할 수 있는 자유조차 없었다

이제야 알았다
내 안에도
21그램의 맑은 영혼이 있다는 걸
생전에는 꼭 무게를 더하여 함께 있다는 걸

덩컨 맥두건 박사*가
환자의 임종순간에 몸무게 차이를 확인했는데
체력에 상관없이 여섯 명 환자가
똑같이 21그램씩 줄었다고 했다

육체와 영혼이 함께 하다가

죽음과 함께 떠나서 주변을 맴도는 사랑의 무게여
임종 시 줄어드는 빼저리게 그리운 영혼의 무게여.

*영혼의 존재를 물질적으로 입증하는 최초의 미국 의사.

가랑잎 걷는 소리

달밤의 가야금 소리에
자고 있던 가랑잎이 기지개를 켜고 일어난다
깡마른 발톱을 세우고 리듬을 타면서
시멘트 바닥을 야들 거리며 걸어간다
격조 높은 가야금 소리보다
가랑잎 걷는 소리가 더 낭랑하다
밤의 주정뱅이한테 밟히지 않으려고
바람의 힘을 빌려서 바삐 걸어간다.

섬에서 · 1

섬에서 자란 나는
왜 섬은 그리움이란 걸 몰랐을까요
왜 고독의 뭉실한 씨앗인 줄 몰랐을까요

거룩한 경배처럼 엎드린 섬이
고독이란 이름으로 꽃을 피워 올리면
머리 대고 자는 곳이 고향인 사람들
섬에 머물면서 섬의 비밀을
훔쳐가는 걸 보고 자랐습니다

수백 리 달려온 사람들이
파도의 옷자락에서
바람의 비늘을 털어 준 걸 보고 자랐습니다
섬에서 자란 나는
왜 파도의 옷자락 한 번도 잡아보지 못했을까요.

섬에서 · 2

섬에서 관현악 4중주를 들어 보셨나요
파도소리 바람소리
갈매기 구애소리, 그리고 또
섬의 연주에 취해서
파도의 혀끝에 매달려 울고
갯바닥에 앉아 호강스럽게 울어 보았지요

섬은 알고 있을까요
떠가는 돛단배 위로
낮에는 태양이 걸쳐 있고
밤에는 달빛의 치렁한 금발머리

별 하나에 희망을 걸고
밤바다를 누비는 어부
고기 잡는 구레나룻 어부의 희망을
섬은 알고 있을까요.

섬에서 · 3

내 유년의 그림자가 서린 질마섬
파도는 그 섬 지우려고 서슬 푸른 칼을 휘둘렀지요
파도의 험한 깃발로 아픔의 꽃이 된 섬
모래밭에 앉아 그 섬을 바라보면
제 무게에 가라앉은 뿔 달린 고독이었어요

이런 것들 보셨나요
노을이 섬을 맴도는 분홍 춤사위
두둥실 파도의 거품으로 지은 집
바다 절벽에 걸린 상처 난 그믐달을

이젠 내 유년의 그림자 모두 거두어 왔어요
내 고향 질마섬 내 안에 있어요

꿈속에 어머니도 이 섬에서 만나지요
오늘밤도 먼저 와서 굴을 따고 계실 겁니다.

그럴 것 같다

외따로 피어 있는 목련 꽃 아래
홀로 서 있는 사람 꽃 보면
물음표도 없는 인사 문장 하나 만들어
사랑 같은 입술에 걸고
구름 위를 걷듯 다가갈 것 같다

하얀 설렘이 아니어도 내 표정 읽을 줄 몰라도
못마땅해하는 표정조차 마음 한구석 그윽할 것 같다

흘겨보는 눈빛도 그윽할 것 같다

누가 먼저인지 몰라도 그 눈빛 마주치면
목련같이 하얀 웃음일 것 같다

그러다가 세찬바람 불어와
목련 꽃 후드득 쏟아지면 몹시 서러울 것 같다

목련 꽃이 드리운 둘만의 적막을 바람이 걷어 가면
말 한 마디 건네 보지 못한 채 등 돌리고 후회 할 것 같다.

시간 그놈

시간은 영혼 같은 먼지일까
지나간 흔적을 볼 수가 없어요

시간은 구름 같은 발바닥일까
발자국 소리도 들을 수 없어요

시간이 바람 같다면
시간의 속도는 바람이겠지요

백년을 산다 해도
지나간 흔적을 볼 수 없고
천년을 산다 해도
발자국소리 들을 수 없겠지요

오직
나이만이 시간의 비밀을 알 수 있겠지요.

제4부

기억의 탑

삶의 불덩이 앞에서 몸을 달군다
그 불길 사그라질 때 까지
내 기억의 탑 온전하기를 ...

노을 한줌 담고

삼단머리 가시내들 싸움 같이
갯바람 헝클어져 불어온다.

풀 먹인 듯 내 머리카락 짭짤하게 날로 선다

바다 식구 뉘 집에 초상이라도 났나

파도는 머리 산발한 상주되어 울다가도
때로는 리듬을 타면서 여유로움도 보인다

조개껍질에 노을 한줌 담고
표정 없이 모래밭을 걷는다
구멍 난 조개껍질이었나 노을이 줄줄 샌다

사람 영혼에 무게가 있다니
노을의 영혼에도 무게가 있겠지

조개껍질이 무겁다 노을의 영혼이 남았을까

나를 감싸는 적막이 무게를 더 한다.

뻘배

작은 엄니 댁에 갔다
'왔냐, 시방 개펄에 나가야 한디 이라고 있다'가 첫 인사였다
평생을 뻘배를 밀고 다님서
드넓은 뻘밭을 누비면서
낙지의 눈을 잘도 찾는다는
새 꼬막 개 꼬막 모두 숨어 버린다는 작은 엄니
한 생을 뻘배만 밀고 다니다가
뻘로 화장하고 밀물 따라 집으로 돌아 온
지금도 피부가 좋은걸 보니
그 시절 머그 팩 덕분일까
바다의 억척녀로 육남매를 키우고
지금은 창살 없는 감옥에 있다
그래도, 말소리는 또록또록 밥 묵고 가란다
온 집안이 개펄인 양
휠체어를 뻘배 같이 식식 밀고 다님서.

내 안의 감옥

코로나19와 전쟁
시간도 죽치고 앉아서 길을 막는다

대화 상대 결핍으로 언로가 막히면
온몸으로 저항을 해도 뚫리지 않는다
하고 싶은 말들 쌓이고 쌓이면
되새김질해서라도 삼켜야 한다

남겨진 말들은 갈 곳 잃어 헤매다가
물컹한 입술에 다닥다닥 붙어서 연둣빛 이끼가 되고
한숨 소리에 자라난 이끼는 보푸라기 같이 피어오른다

감옥이 따로 없는 내 안의 감옥
침묵이 쌓이고 쌓여도
전깃줄에 걸려 우는 비닐봉지처럼 천하게 울면 안된다
아직 만나지 못한 내 미래의 시간을 앞세우고
오늘에서 탈출해야 한다
내일에 펼쳐질 내 미래가 기다린다.

바람 주먹이 내 이마를 친다

우울함에 기대어 먼 산만 바라보는 무료함
정돈되지 않은 허술한 공원에서
구멍 난 벤치에 앉았다

의지할 것이라고는 어느 가수의 인생 노래
온몸을 뒤척이는 모습을 상상하면서 들었다
듣는 사람의 심장까지 쥐어짜는
창자를 휘어감는 그 노래에 나를 맡겼다

저녁 내내 갈바람에 흔들린 잎사귀들
아무에게도 밟히지 않는 편안함으로
생의 의무를 다 한 듯 홀가분하다

나는 운명의 손금을 내려다 본 것처럼
누워 있는 잎들을 내려다 보았다
가벼워지면 편안하다는 것을 배웠다

바람 주먹이 내 이마를 친다.

오동나무 천년소리

봉황새는 오동나무만 앉는다더니
오라는 봉황새는 없고
까치 한 마리 반겨주었다
보랏빛 눈발처럼 날리는 오동꽃
보랏빛 종소리가 들렸다

귀를 열고 음 고르던 몸이 굵은 이파리들
보랏빛 실루엣 같은 흔들림을 따라
한 줄금 소낙비로 가락을 고르는
저 오동나무 속에는
얼마나 많은 음표들이 살고 있는지

죽어서야 귀하다는 오동나무
천년의 소리가 거문고 되고
옭아맨 매듭 풀어 장롱에 넣었더니
초가집 댓돌 위에 오롯한
나막신 한 켤레

저리 장대한 나무의 기골에도
언젠가는 마침표를 찍고

천년소리를 저장하고 말리라

오동나무 마지막 소원은
가난한 시인과 한 짝이 되고
시를 받아 몸 섞다가
흙에 싹 틔우고 우거지고 싶다네.

재봉틀 소리

어머니 방에는 재봉틀이 앉아있다
청춘이 노리갯감이던 시절
비단장사 외조부 덕분에
가내공장 같은 천조각이 가득했다
양철지붕 위를 뛰어다닌
빗소리 같은 재봉틀 소리
어머니 뱃속에서부터
내 옷은 엄마표였다

마당에 나서는 구름 재봉틀
빗줄기 바늘로 풀잎을 깁는다
꿈틀꿈틀 생명의 박음 소리 들린다
방에서는 어머니의 재봉틀이
자투리 시간까지 재단을 한다
촘촘히 마름질하는 사랑의 시간
비오는 날에 듣는 하모니였다

헌옷 기우려고 다시 뜯는 실밥
끊어진 관절 같은 구석자리에
너덜너덜 밀려나온 솜뭉치들이

상처에서 짜낸 고름 같았다
수제비를 떼어 넣듯 천 조각을 펼쳐놓고
가계부 앞에서 울먹이시던 어머니

저 세상에서도 구름 깁는 재봉사로
어머니의 일상은 바쁘시리라
비오는 날이면 어머니가 오시고
나는 어머니 곁에서
콧노래를 부르며 재봉틀을 돌린다.

낮술쟁이

한적한 산모퉁이를 돌아가고 있는데
저쪽에서 누가 짜증스런 목소리로 말을 건다
찌든 냄새 풍긴 중년 남자가 낮술에 군드러졌다
의무를 다한 술병은 누워서 나뒹굴고
차례를 기다린 술병은
임종이나 하는 것처럼 그를 지킨다

이 남자
겨우 버텨온 몸뚱이를 감당하지 못한 채
원망의 눈초리로 주변을 흘겨본다
'한 잔 할래'로 한 옥타브 오른 목소리
혹시 눈이 마주칠까 봐
굽은 나뭇등걸같이 움직이지 못했다

만약에 여자가 저렇게 술판을 혼자 벌리고 있다면
어떤 일이 일어날까
저렇게 고래고래 잡잘한 소리 내뱉지 않아도
숫파리들이 달라 들겠지.

쥐불놀이 중이다

어지럼이 내 안에 또아리를 틀고 있다
미운 친구 손등처럼
눈치도 없이 시동을 걸어
동그라미를 그리게 한다
세상이 내 안에서 빙빙 돌고
지구도 나를 공 같이 굴리고 논다
나는 팔자에도 없는 외줄 타는 광대
돌아가는 지구 한 모퉁이에서
관객도 없이 서럽게 노는 광대
청춘에서 황혼까지 품어 온
내 장거리 고독마저 떠나가고
나는 텅 빈 공. 갈. 빵
빛이 없는 나만의 쥐불놀이 중이다
언제까지 관객도 없는
아픔의 광대로 살아야 할는지.

가을 울음

코로나가 주인인 세상
감염 취약 연령인 그녀

셀로판지 같은 적막이 흐르는지
입술이 헛소리를 물고 있는지도 몰라

만추의 어느 날
나이를 감추려는 듯 모자를 푸욱 눌러쓴 그녀
발가락으로 낙엽을 껌 씹 듯하며
마른 현기증으로 서 있다

시몬이 되었다가
무명 가수도 되었다가
모노드라마를 연출한다

주제는 '고맙습니다'로 짐작이 간다
이런 감성을 주셔서 고맙습니다
이런 목소리를 주셔서 고맙습니다
산골 폐교 복도에 흐르는
혼탁한 선율 같은 그녀의 가을 울음

낙엽의 아픔을 아는 추녀
낡은 풍금소리처럼 윤택이 없다
그녀는 누구일까.

노을 물든 바위에 누워

노을 물든 바위에 누워 하늘을 쳐다보니
세상을 정복한 것 같았다
갑질로 누워서 오직 나만의 평화를 누리면서
피 울음 우는 바다 새를 보고도 모른 척 했다
구름 한쪽 몰래 물고 오다가
쫓기는 바닷새를 보고도 숨겨 주지 않았다
쫓기다가 노을에 타서 죽은 바닷새
나는 동정의 눈물 한 방울도 흘리지 않았다

갯바람이 나를 질근질근 밟고 갔다
노을도 떠나고 바위도 나를 버렸다
행여 기댈 수 있으려나
한 번도 들어보지 못한 허공의 몸체를 찾았다.

베토벤 운명 교향곡을 듣다

밖에는 싸락눈 내리고 헛생각이 꼬리를 물어 아프다
애완견 숨소리만 들리는 혼자만의 시간
시작만 들어도 누구나 알 수 있는 운명 교향곡
쾅쾅쾅-쾅 웅장한 소리에 반려견도 안다는 듯 꼬리친다
천둥소리보다 강했다가 귀 기울여야 들리는 음의 고저
내 안에서 북장구 치던 헛생각들 떠나는 순간이다
이 곡은 운명의 두드림에서 승리의 찬가까지다
이 음악의 흐름을 믿으련다
어디선가 가난한 목숨들이 뒤척인 소리 들려도
이 순간 행복하다
음악은 승리의 찬가로 막을 내렸다.

내 맘의 호수

그대가 만들어준 내 맘의 호수
기다리는 그대는 오지 않고
백조 한 마리 외롭게 놀다가네
바람 한 점 쉬어가네

사브롯이 사운 대는 그대 목소리
슬픔마저 황홀이었던 추억
내 맘의 호수에 던져 버리려네

그대가 만들어준 내 맘의 호수
정화수에 고인 달을 마시듯
고요롭게 마셔버리려네

한오백년 가락 같이 처연해지는 내 마음
지금 그대는 알고 있는지.

계산된 철길

산다는 것은 끝없는 전쟁
승자도 패자도 없는
계산 할 수 없는 슬픈 노동

청춘이 계산도 없이 부스러지고
황량한 현실이 나를 외면할 때면
순간 뛰어 내리고 싶더라

항상 내 앞에는
검은 절벽이 병풍처럼 서 있는 것 같아서

죽음 보다 늙음이 싫어
거울 앞에서
앞머리 내려 이마 주름을 가려봐도
나이는 숨길 수 없더라

삶은 계산 되어 지나간다는 것을
왜 몰랐을까

우리는 이미 계산된 철길을 외롭게 걷고 있다.

기차역

전쟁처럼 삶을 치른 사람들이 모였다 사라진다
세상사는 이야기가 모였다 사라진다
전리품 같은 상처만 기차역 바닥에 누웠다
붙잡지 못한 시간 속에 헐떡거린 사람들
마음 배고파도 갈길 서두르는 기차역
점점 붉어진 서녘하늘 끝은 서럽기만 하다
계절도 바람의 뒤를 따라가고
상처 난 새들의 날갯짓처럼
내 푸른 생도 끌려가고 있다

흐린 그림처럼 달리며 내뿜는 기적소리
하늘 아래 서글픔으로 아득하다.

기억의 탑

뱃길 삼백 리 시골장에 가려면
동 트기 전에 똑딱선을 타야 해요
똑딱선은 꽁지머리 나를 이정표로 세우고
'똑딱선 기적소리'라는 노래도 불렀어요
부웅부웅 뱃고동 소리에도
꼬막같이 누워서 잠만 자는 귀먹은 섬들
성난 파도가 귀사댕이를 후렸어요

약장수 능청 떠는 소리에 문이 열린 장터
이산離散의 순간을 아는 강아지들
두루마리 사연처럼 울었어요
가난을 내려놓고 몽땅 떨이 외쳐도
팔리지 않는 시골 장날

전대에 돈을 듬뿍 넣고 소 사러간 할아버지
소는 못 사고 강아지를 사 줬어요
뱃멀미에 시달린 강아지는 그날 밤 죽고
할아버지는 돈만 날렸다고 구시렁대셨어요

내 어린 주먹은 심장 밖을 치는 돌이 되었어요.

낡은 필름속으로

담배 연기 검은 안개로 흐르는 골목다방
사랑이 싹튼 텃밭으로 착각했다
베토벤의 '운명'에 광기를 부리면서
DJ 눈도장을 찍고 와야 잠들었던 시절
음악 속의 연인이 되어
찻잔에 은하수를 띄우며
견우직녀의 갈망으로
일곱 빛깔을 그려냈던 그 시절
버릇없이 찻잔을 뒤엎으며 지나가는
시간의 하얀 발바닥

몇 개의 악장들이 굼실대는 다방 입구
잘 있으라는 쪽지가 마지막이었던
실연의 담배연기 창시자 같았던
굳은 표정의 더벅머리는 어디에

사랑이란 이름표를 남기지 않았어도
모두들 그립다.

얼척없는 일

내 생의 종점이 가까워지니
강가에 앉아서
오목한 돌로 물수제비를 떠 보고
그 물수제비 속에 비친 어린사랑의 안부도 궁금하고
청둥오리 되돌려 보내고 돌팔매질도 해보고 싶다
나에게만 예쁜 돌멩이 주워다 준
말더듬이 순돌이도 그리운데
내 생각이 얼척없다면 용서하오

젊음은 도둑맞듯 왔다가고
싫어도 껴안아야 할
소름 돋는 시간의 무게여
내가 던진 돌팔매에
누군가 스러져야 한다면
배우 같은 연기라도 좋아
세월아 네가 스러지렴.

단풍잎

떨어지기 위해 불 밝히는 단풍잎
주검도 곱게 덧칠하면서 투정 없이 떠나니
얼마나 위대한가

타오르기 위해 태어난 단풍잎
추파 던지지 않아도 세상을 눈멀게 한 힘이 있으니
얼마나 위대한가

단풍잎이 탄생시킨 붉은 바람 속으로
위대한 척 걸어 보았다

목울음 좀처럼 멈춰지지 않았다.

나는 악기다

교과서 같은 삶이랄까
매너리즘에 빠진 삶을 살아 왔다
탈출하고 싶다
이제라도 내 몸이
비발디 사계를 연주하는 악기라면 좋겠다

슬플 때는 슬픈 대로
기쁠 때는 기쁜 대로
희로애락을 연주하는 악기라면 좋겠다

희망이 보일 때는
베토벤 운명 같이 웅장한 심포니를

하늘을 날고 싶을 때는
봄의 소리 왈츠를

울고 싶을 때는
가난한 선율 같은
G선상의 아리아를

내 마음이 연주해 주면 좋으련만.

메콩강에서

모래가 춤을 추는 메콩 강
유람선이 잔 섬으로 뜬다
유색인종 하나 둘
통기타 흑인의 하얀 덧니가
말 대신 입을 연다
음악에 하나가 된
도드락 춤판으로
서로를 섞는다

'다뉴브 강 물결' 노래 코러스
수초같이 흔들린 여행객들
심청이 옷자락 같은 수초의 춤
소리를 한 짐 실은 유람선이
절뚝거리며 메콩 강을 걷는다
음악은 만국 공통어라 했던가
메콩 강 위에서
잘 풀린 매듭같이
마음 풀었다.

제5부

자유로운 영혼

아픔의 깊이를 누가 알랴
혼자 칭얼대는 약 같은
눈먼 사투리
적막을 베어문 가쁜
숨소리

묻혀진 이야기

'성인이 되었으니 이젠 너에게 줘야겠다'고
아버지 친구 분이 유품을 주셨다

아무나 훔쳐볼 수 없는 영문 일기장
나는 서랍 속 깊이 묻어두고
가끔씩 공존하면서 눈시울을 붉힌다
통역관이었다는 아버지
일기 주제는 늘 한 여인을 향한 목마름
그녀의 이름과 사랑한다는 말들만
겨우 읽을 수 있었다

그칠 줄 몰랐던 불꽃 튄 초년 바람으로
마른 장작같이 타다 남은 불씨 하나
대를 이을 이복 남동생

훗날 뒤늦은 노잣돈 같이 가져가서
번역할 수 없는 일기장을
아버지 목소리로 들을 수 있을지
한 세기가 지난 퇴색해 버린 아버지 흔적
오늘도 낡은 일기장 페이지를 넘겨본다.

너의 울음에서 몇 방울의 뼈를 기억하다

맞추지도 못할 꿈 조각 주워 담지도 못할 사랑의 말들

너를 만날 때 마다 삐져나왔던 사랑의 뼈 조각들
이쁜 가시로 남아서 내 안에 맴도는 걸 어쩌랴

이미 무너진 너를 향한 사랑의 장벽을 몰랐던 내 죄
섞일 수 없는 물과 기름이 돼버린걸 어쩌랴

이제는 돌려 주마 너를 향한 그리움 한 오라기조차도

쫓기는 물살에 업혀서라도
빛의 꼬리에 묶어서라도

이제는 멈추리라
너의 숨소리마저 사랑이었던 나의 어리석음
밤마다 이불을 긁어모으며 너를 껴안았던 일도

너의 숨소리에서 전달된 몇 방울의 뼈만 기억하리라.

바다의 깊이

왜 이름이 바다일까
불평 없이 받아 주기만 해서 생긴 이름
비바람이 뺨을 쳐도
너른 가슴을 보이는 바다

속울음이라도 울어 볼 일이지
울음을 참으면
슬픔이 쌓인 줄도 모르는

수억 년 쌓여진 슬픔의 둑
언젠가는 스러져서 바다를 메우겠지

아, 그때는
알 수 있을까
바다의 너그러운 마음을

잴 수 있을까
헤아릴 수 없었던
먼-먼 바다의 깊이를.

초승달·1

순수를 닮고 싶거든
한번 가볼 일이다

음력 초사흘 무렵 서쪽으로

미인의 눈썹이 한 개 만 떠있어도
찾아 주려고 애쓰지 마라

그것이
순수를 닮은 초승달이야
희망을 주는 눈썹달이야.

초승달·2

초승달을 보고
언제 클거나 걱정하지 마라

행여나, 길어가는 손톱 같다고
잘라 주지도 마라

고개 숙인 채
왜 시퍼런 칼을 갈고 있냐고
묻지도 마라

이지러질 일만 남은 보름달보다
희망을 안고 가는 초승달

얼마다 대견스럽냐.

황진이

풋풋한 사과 나이였을 때
글 쓰고 노래하는 나를 보고 황진이 같다고 했다

나는 푼수같이 그 말을 믿고
황진이 사랑 법을 배우기 위해
온종일 머리를 빌빌 꽈서 올려도 보고
힘센 바람이 되어
나를 배반한 사랑의 사립문을 부수기도 했다

한때는 간지대까지 동원하여 높은 곳 사신다는
별들을 죄다 따서
나를 사랑으로 불러준 청춘들
가슴팍에 달아주려고도 했다

생을 화려하게 재단하며 살았던
황진이 색깔에 반하여
헛되이 청춘을 보내기도 했지만
솜사탕같이 만져지는 추억이 많아서
지금은 비단 손수건처럼 조심스레 꺼내본다.

황혼에 돛을 달고

이순을 넘기면
황혼을 종점이라 생각하고
골고다 언덕 같이 두려워한다
칠흑 같은 어둠인 듯
눈빛마저 서럽지만
나는 황혼을 두려워하지 않으리라

해질녘에 부는 바람이
내일의 찬란한 꽃을 피우기 위한
휴식 같은 음악 소리로 들리듯
모과가 마지막에 향기를 내품듯
황혼의 나이가 품어낸 향기를 아는지

설령, 황혼이 수평선 너머로 잦아드는
닻을 내린 돛단배라 해도
나는 투정 없이 돛단배에 오르리라.

휘파람 소리

가로수가 휘파람을 불자
그대가 휘파람을 불면서
저만치서 오고 있었다

나는 웃음 근육이 없는 돌처럼 서 있다가
바람의 방향 따라 두 귀를 쫑긋했다

한숨소리 같은 그대 목소리 들리자
놀라운 생의 기쁨을 주체하지 못했다

바람도 지우지 못했던 사랑의 흔적
그대는 가로수같이 여유롭게 휘파람을 불었다

'사랑이 아무리 깊어도 산들 바람이고
외로움이 아무리 지독해도 눈보라 일 뿐이라'고
에드립 대신 중얼거리면서
사랑 같은 휘파람을 불었다.

엄마꽃

장독 뒤에 흰 접시꽃
소낙비 소리에 놀라 울다가도
잔장 뜨러간 엄마를 반겼다던 그 꽃

시집 온 날도 하얀 미소로 반겨 주었고
시집살이 아픔 때도 손등 만져 줬다던
한평생 반려자의 향기 위로의 그 꽃

옥양목 저고리 끝동같이 흔들렸던
눈물 받침이었던 꽃 이파리
엄마의 실어증 같았던 비 맞은 뒤 그 꽃
엄마의 자화상을 회상 하듯
부채춤처럼 감상했다

엄마를 적시고
접시꽃을 적셨던
장독에 떨어진 소낙비
오늘도 엄마의 울음으로 쏟아진다.

철부지 생각

하루일 끝나고
뒷짐 지고 걸어오신 할아버지
저녁상에 탁배기 한 잔 있어야
턱수염에 미소가 가득하셨다
쉴 곳 찾아 담벼락에 서성이는 어둠 한 줄기
저리 비껴라 휘저으며 터벅터벅 걸어 오셨다

뼈 발라낸 생선 한 조각
손녀 숟가락에 얹어주고
술잔을 드시던 할아버지 미소 곁에서
옆집 아저씨 술주정 소리에 귀 기울이며
내 아버지면 좋겠다는 철부지 생각.

5월의 향기

초록 군들이 5월을 몽땅 점령했다
어린 바람소리 하늘거린 나뭇잎 왈츠
임의 향기 보다 진한 풀 향기에 취해버린다
산마루에 구름도 5월의 빛깔로 쉬고 있다

비는 검은 구름의 수의를 벗고 음악으로 흐르고
푸른 세월에 앞장선 잎들의 순수함 앞에
지금 나를 표현 한다면 무슨 빛깔일까

애간장 녹인 뻐꾹새 울음까지
초록으로 흐르는 5월의 숲길
연초록 물감 뚝뚝 떨어져 흰 옷소매를 적셔버린
이 물감 손가락에 찍어 내 고향 청라언덕 그려놓고
유년의 기억 찾아 깨금발로 뛰어 보고 싶다.

서쪽 바다

노을을 좋아하는 사람들 서쪽 버스를 기다리고 있다
노을의 변덕을 보려면 시간이 보물이다

버스는 연착해서 안절부절 죄송하다는 방송이 나온다
탑승객들 농성이라도 할 듯 짜증난 얼굴로 주저 앉는다
가시 숲에 긁히며 돌아온 지친 새들이
어쭈구리 내려다 본다
상자에 과일 담듯 승객을 주섬주섬 담는
버스는 초고속이다
이미 마음이 먼저 노을에 잠겨
갑자기 행복해 보인 승객들

노을빛으로 옷 갈아입고 늙을 줄 모른다는
서쪽 바다의 소문
나도 노을빛 통치마 즐겨 입은
서쪽 바다의 여인으로나 태어날 걸.

식혜가 짜다

어머니 먼 길 가신 후
처음으로 식혜를 만들었다
찹쌀 담그지 말고 하라는 말을 잊고
죽밥이 되어서
다시 밥을 하면서
엄마 생각에 눈물 한 바가지

발효 잘 되라고
설탕을 조금 넣어야 된다는 말을 잊고
늦게 뜬 밥알을 기다리면서
엄마 생각에 눈물 두 바가지

내 눈물 모두 식혜 물이 되었나
식혜가 짜다.

볼우물 손님

구름이 걸터앉은 찻집
창가에 앉아서 하늘을 쳐다보았지
구름 없는 하늘은 순한 바다 같았지
아스라이 새들의 울음소리 들리고
구름같이 보송한 찻집 여인
노랑머리 몇 가닥 이마에 내리고
찻잔을 놓으면서 세상 안부를 물었지
나를 힐끗 쳐다보면서
입이 볼록하도록 미소를 머금었지
볼우물 진 내 모습이 언니 닮았다고
꽃봉오리 열리듯 환하게 웃었지
구름과 바람이 손님인 찻집에서
선녀가 된 기분이었던 나를
먼 훗날도 이 찻집 볼우물 손님으로
기억해 줄는지.

그 집 엄니

돈 훔쳐 갔다고 늘 아들에게 누명 씌웠다는 어머니
내 돈 누가 훔쳐갔냐고
구멍 난 주머니 들고 조리 뱅뱅이라더니
흔연스레 웃고 있는 영정사진을 보았다

이승의 모습은 어둠속에 무덤이 되고
품고 있었던 기억의 끝마저 놓치고
조리 뱅뱅 주머니 어디 두고 허공에 떠 있는지

임종 시까지 전화번호와 이름표를 달고 있었다는
어머니의 선생은 유복자 외아들
어머니를 방에 두고 문밖에 나와
하늘 중턱에 떠 있는 반달을 보고
어머니가 만든 송편을 생각했을 아들

아들이 밝혀준 담뱃불 빛 아래
어머니의 공부는
밤새 보따리를 풀었다가 묶는 일이었단다

모든 걸 내려 놓는 순간

어디선가 병든 홍시 한 개
붉은 눈물 같이 떨어졌겠다.

자유로운 영혼

수양버들이 이정표인 한정식 집
어느 해 시월 임동창 콘서트에 갔다
보름달은 나뭇가지에 버릇없이 걸터앉아서
리듬을 탄다
손가락이 상처가 났을까
바람 한 가닥 술렁댄다는 이유로
맨발로 건반 위에 오른다
무당이 칼날 작두에서 솜사탕 같은 춤을 추는 듯
마무리는 모두 팔꿈치 몫이다
세상에 하나뿐인 괴짜 피아니스트
고쟁이 바람에 검은 티셔츠
보름달은 그의 민둥산 머리 위로 자리를 옮기고
월광 소나타 한 소절 탄생시킨다
집을 떠나면 돌아올 날을 모른다는 자유로운 영혼
아무데나 머물면서 신명의 소리를 만드는
천재 풍류 방랑자
누구 남편이라 하기엔 어울리지 않는 야생마
호가 재밌다 '그냥'이란다
기약 없이 떠난 남편을
한 땀 한 땀 수를 놓으면서 달랜다는

여린 꽃잎 같은 '이효재' 그 여인이
임동창 부인이란다.

층계 아코디언

아파트 난간을 목숨 같이 부여잡는다
물렁한 무릎을 끌어안고
죽고 싶다는 말도 거짓말
아코디언 연주하듯 계단을 오른다
거절할 수 없는 아픔이란 친구
칭얼대는 약 같은 눈먼 사투리
층계를 오르다 보면
내 좋아하는 노래조차 연결고리가 없다
시선은 더욱 희미해져 그림자로 눕고
산 자의 무게에 아파하는 계단
주름 잡힌 페이지를 지신 밟듯 밟는다
적막을 베어 문 계단의 가쁜 숨소리
들숨 날숨 사이에 걸터앉는다
헐덕거린 숨소리에 계단도 맘 아파한다
몸에서 징소리 나면 마른기침으로 달래고
한쪽 모서리에서 자전거 페달이 꿈틀거리면
마지막 층계에서 나를 멈춘다.

오솔길을 빨래하여 널었다

오솔길 입구에 서니
솔방울 터진 소리가 요란해라
솔잎에 구름 한 조각
떠밀려 가는 모습 애잔도 해라
폭이 좁아 홀로 걸어야 하는
그대에게 업혀 가는 오솔길
꽃들의 무덤은 말랑한 징검다리가 되고

다람쥐가 낙엽의 상처를 꿰매주는 소리
사랑스럽기도 해라 귀엽기도 해라
저 소리 그치면 오솔길은 지워지겠지
깊이를 잴 수 없는 길 하나 생기겠지
괴담스런 어둠이 깔리면
갈길 몰라 헤매는 자
내 사랑 울음소리 들리겠지.

눈빛이 재산입니다

생은 점점 골목처럼 어두워져 가고 있습니다
사랑 같은 말들은 버무려 봤지만
한번도 '여보'란 말은 못했으나
뼛속으로 한없이 찬비가 스며도
당신 있어 여기까지 왔습니다
잔인하게 타들어간 붉은 세월의 꼬리가
따갑지 않았습니다
이제라도 명아주 잎 따서
굳은 입술 부채질이라도 해 볼까요
매일 먹는 밥그릇의 무심한 정겨움이 보인 눈빛
지금, 우리의 눈빛이 재산입니다.

| 평설 |

갯바람 푸른 관절을 감싸 도는 시편들

- "혼자 칭얼대는 눈먼 사투리" -

김 종
(시인, 화가)

이겨울 시인의 제3시집 평설에 진입하면서 조금쯤 짚고 가야할 이야기가 있다. 더러 언급하는 말이지만 시인은 그리움을 사고파는 장사꾼이라는 것이다. 끝도 갓도 없는 그리움, 도대체 그 그리움이란 게 무엇이며 그 끝은 어디 길래 시인들은 이 오랜 세월을 작정하듯이 같은 그리움에 매달려 있을까. 봉이 김선달이 '대동강물'을 팔았다는 얘기가 전설처럼 회자되는 자리에서 시인의 가게를 들여다본다.

언어세상의 지형을 바꾸는 시인

단정코 말하여 그 가게에는 '그리움'만한 매력적인 물목이 없는 듯하다. 그러니까 시인에게 오직한 장사 밑천은 그리움이란 사실이며 그 그리움이 얼마나 풍성하냐 그렇지 못 하냐로 시적 성공을 가늠하게 된다는 의미이다. 시인이란 언어만 주어지면 '권력자'가 된다는 말은 필자가 되풀이 말해온 터다. 정치권력은 정치인에게 주어지지만 이 같은 권력으로 그들은 무소불위 능소능대의 힘을 행사한다. 시인 또한 마찬가지다. 언어가 주어졌기에 시인은 오만가지의 변화와 표현들을 자신의 생각과 구상대로 직조할 수 있다. 모르긴 해도 시인에게 언어를 부려서 뽑아낸 이보다 큰 능력이 있을까. 이겨울 시인이 자신의 주변에 어우러진 사물들을 끌어들여 그리움과 고향의 서정성으로 줄기차게 노래할 수 있었음은 순전히 '언어'라는 무기를 소유한 때문이다.

이겨울 시인은 지금까지 상재한 시집에서 자신이 그토록 오르고 싶었던 자신만의 시적 고지를 계속적으로 좁혀왔음을 이번 시집을 통해 확인할 수 있었다. 그런 그에게 어우러진 주변 사물들과의 표정과 눈빛을 자신만의 언어에 실어내는 노력이 작품적 성과로 확인되는 것이다. 요컨대 이번의 시집에 담긴 작품들은 이전의 성과와 견주어 괄목상대하게 향상되었음을 그의 작품들을 읽어가면서 수긍하게 된다. 하나의 가정이지만 시인에게 언어가 없었다면 그 시간부터 시인은 그 어떤 존재적 가치도 사라지게 된다.

오로지 언어라는 수단이 존재하기에 이에 기대어 이 세상의 모든 그리움과 사랑과 고향을 전매하듯이 자신만의 표현으로 진입한 것이다. 이는 시인이 언어를 통한 권력자인 까닭이며 언어를 부려서 오만가지 사물을 만들고 자신의 능력만큼 언어세상의 지형을 바꾸고 나아가 이것이 바로 시인에게 주어진 최대의 분복이 아닐까 싶다.

그런 의미에서 그리움은 그것을 어찌 풀어 가느냐에 따라 이를 소유한 시인의 눈빛과 표정과 웅숭깊은 기질에 나아가는 통로가 된다. 이후에 읽어갈 이겨울 시인의 작품들은 그런 의미에서 시인 자신의 시적 아우라가 어떻게 노래되는가를 살피는 자리가 될 것이며 그의 시적 개성의 여하如何함 또한 들여다보는 일임은 물론이다.

어둠이 내리는 선창가
갯바람 푸른 관절이 나를 감싼다

널려있는 그물만큼이나
내 몸을 휘감던 희로애락
옹졸한 흉터들은
하나 둘 부표처럼 떠오르고

살아 꿈틀대는 목숨을 밝히고
목마름 같은 얼굴들만 된통 그립다
좋아하는 밤바다는
와도 가도 그리움 뿐

갈까 말까 뒤척이던 밤배 한척

돌아 갈 항구를 잃은 걸까
뱃고동 소리는 흉내 낼 수 없다지만
출렁출렁 말을 하는 벙어리 밤배
황진이 집 앞처럼
늘상 지독한 그리움에 서성인다

아직도 가고 있는 나의 밤배
나는 어디쯤에 정박할까

내 몸의 그리움을 붕대처럼 풀어서
이불처럼 덮으려다 멀리 던졌다.

-「밤배」

「밤배」는 "어둠이 내리는 선창가/갯바람 푸른 관절이 나를 감싼다"는 시작 부분에서부터 관심을 갖고 들여다보게 하는 작품이다. 이 작품은 표현의 참신함도 그렇거니와 갯바람 푸른 관절이 '나'를 감싼다고 한 부분에서 어둠이 내리는 시간을 마치 강보로나 감싸는 것 같은 시적 분위기를 조성하여 문학적 온화함을 이어가고 느낌 또한 풋풋한 시적 서정성에 다다르게 한다.

어둠에 묻힌 선창은 일견 을씨년스런 분위기도 있었을 것이다. 그 무렵이면 귀가를 서두르는 어부들의 조급함도 눈에 띠일 것인데 여기에다 '감싼다'는 말을 내세워 언어적 안온함을 도모한 것은 이겨울 시인의 시적 탁월함을 보이는 대목으로 읽어도 손색이 없겠다.

그러면서 이어지기를 널려있는 그물만큼이나 '내 몸을 휘감던 희로애락'이라 노래했으니 이 또한 표현의 자연스러움에 비추어 눈길이 가는 대목임은 물론이다.

우리는 이 많은 세월을 살아오면서 남긴 '옹졸한 흉터들' 또한 많았을 것인데 이들이 부표처럼 선명하게 떠오른다는 부분에서 우리네 일상이 얼마나 각다분하고 어수선한가를 들여다보게 한다. 그러는 중에도 우리가 살아서 움직이는 일은 "꿈틀대면서 목숨을 밝히는" 일일지도 모른다는 것이다. 그리고 '된통 그리움' 위에 "목마름 같은 얼굴들"이 앞장서서 떠오르는 일들이 강물 같은 이야기로 흘러간다는 대목도 넉넉히 상상함직 하다. 그리움은 원래가 지워버릴 수도 없애버릴 수도 없는 생래적인 것이기에 '와도 가도' 한결 같은 흐름일 수밖에 없었다고 하였다. 그때 포착된, "돌아갈 항구를 잃은" 듯 "갈까 말까 뒤척이던 밤배 한척"은 정처를 정하지 못한 화자의 또 다른 방황일 수 있겠다.

이 작품이 주는 시적 실감은 이 정도에서 그치지 않는다. "뱃고동 소리는 흉내 낼 수 없다지만/출렁출렁 말을 하는 벙어리 밤배" 또한 갖가지 사연들을 가슴에만 쌓아두고 사는 '서민'들의 한 모습을 그리 표현한 것으로 보인다. 그럼에도 그리움은 여전하여 '황진이 집 앞처럼' 늘상 붙잡지 못한 그 무엇이 되어 서성이던 우리네 일상의 한 모습이 그려진다. 하기야 사는 일이

제아무리 힘든 자라도 그리움까지는 지워버릴 수 없는 법, 그 그리움 앞에 방황하는 '밤배'는 막연하게 어디론가를 가고 있었을 것이며 그러기에 '정박'해야 하는 방황의 정서 또한 읽히는 것은 물론이다.

구름은 누구의 이불인가

이제 작품은 마무리에 들었고 "내 몸의 그리움을 붕대처럼 풀었"다고 했다. 그리고 그 그리움을 이불처럼 덮으려다 멀리 던졌다는 표현에 이르면 이 작품이 보여주는 화자의 시적 오지랖이 "에라 모르겠다"를 체념처럼 깔고 이어지는 것을 볼 수 있다. 그리움 때문에 그리움의 주변을 떠나지 못하는 방황성이 어디 화자만의 일이겠는가. 그것을 의식한 듯 작품은 결말 부분에 가서야 작심한 듯 자신을 내던지는 모습으로 바뀌고 그러면서 많은 것을 생각게 한다.

요컨대 '밤배'는 여러 상황에 견주어 사물의 시적 의미를 새롭게 채워 넣은 개연성이 큰 작품이었음을 독서를 통해 인지할 수 있었다.

삶이 요구하는 주문서 같이
물음표가 하루살이처럼 달라붙는다

하늘이 맑은 것만 봐도
누가 구름을 빨아 널었을까
바람의 각시들이 빨래를 걷어 갔을까

세금 미납 딱지 같이 들러붙는 물음표

어쩔 때는
누가 내 꿈도 빨아서 널어 주고
운이 좋은 날은
내 빛나는 달무리가 되기도 하는데
나에게 의문을 던질 때도 많다

바다가 구름의 빨래터라는 것
구름도 바다에서 익사한다는 것
하지만,
구름이 누구의 이불인지는 아직 모른다

웃음 웃는 저 구름은 누구의 이불일까
인생은 결국 하나의 물음표라는데

-「물음표는 누구인가」

"인생은 결국 하나의 물음표라는" 명제를 걸고 마무리 부분에서는 "웃음 웃는 저 구름은 누구의 이불일까"를 묻는 이 작품의 언어적 질문은 상당히 엉뚱하면서도 아름답다. '구름'이 웃음 웃는다는 부분도 그렇지만 '누구의 이불일까'를 묻는 화자는 분명 궁금증이 많은 사람일 거라는 생각도 든다. 시인의 시작품이 사물을 살피고 사유하는 궁금증에서 시작되었음은 상식에 가깝다. 이 작품의 시작 또한 살아가면서 부딪치거나 받아든 여러 형태의 '주문서' 같은 것이 연이어 달라붙는다는 사실은 살아가자면 피할 수 없는 현실의 정직성이 이 같다는 의미이기도 하다.

청명한 하늘도 수없이 많은 일들로 흐리거나 더럽혀졌을 것은 충분히 상상되는 일이다. 그리고 누군가가 이를 구름처럼 빨아 널었기에 가능했겠다는 상상 또한 웃음 웃는 구름을 누구의 이불이냐고 묻는 것과 동일선상에서 던질 수 있는 질문이다. 잘 빨아둔 구름을 '바람의 각시들이' 걷어갔다는 상상은 이미 빨아서 널어둔 이불을 그 같이 풀어냈다는 이야기인데 이는 어디까지나 시인의 언술이 부드러움에 근거하지 않고서는 스미듯이 읽히기는 불가능이라는 의미이기도 하다.

작품에서 접한 인식적 물음표는 도처에서 상시로 만날 수 있는 교통 표지판이거나 신호등 같은 것일지도 모른다. 그리고 "세금 미납 딱지 같이 들러붙는" 상황에서 미상불 궁금한 것 자체로 시가 된다는 설정은 꽤나 재미나는 일이다. 요컨대 호기심이 시를 만들고 궁금한 것들을 하나하나 의문의 형태로 바꾸어서 꺼내는 화자에게 이 같은 시적 표현들이 환치된 상태에서 창작자의 창작능력을 들여다보게 한다. 그리고 이 같은 일들이 독자를 자꾸 궁금하게 한다는 점에서 이겨울 시인의 작품 「물음표는 누구인가」는 거듭 읽을수록 더 많은 흥미를 유발하고 있음 또한 알 수 있다.

시적 상황은 발전하여 '어쩔 때는' 누군가가 내 꿈도 빨아서 널어주고 '운이 좋은 날'은 "내 빛나는 달무리가 되기도" 하였다는데 그러다가 "나에게 의문을 던질 때도 많았다"고 한 부분에서 시적 사유의 다기함 또한 읽을 수 있었다. 단순한 상황의 제시에 그쳤을 뿐인데도 이전에는 접하지 못한 새롭고 특이한 언어적 운용에 성공하고 있음을 볼 수 있다. 상황은 이내 바뀌고 '바다가 구름의 빨래터'에 도달하게 된다. 그러면서 독자에게 던진 의문의 가짓수는 하나하나 늘어가고 이어지는 부분에서 "바다가 구름의 빨래터"라는 설정은 의외이면서 기발하고 재미 또한 있다. 그리고 '구름도 바다에서 익사한다는 것' 등에선 시적 반전 또한 읽을 수 있었다. 그리고 "구름이 누구의 이불인지는 아직 모른다"는 시적 상황의 제시 또한 한 굽이의 '의문'으로 맞물린 것도 곱씹을수록 재미있는 부분이다.

우리는 시를 읽다가 문득 익숙하다는 느낌이 드는 표현을 자주 경험하는데 이는 누군가가 이미 그것들을 사용해버렸다는 것에 다름 아니다. 그래서 우리는 새롭거나 신선하다는 언어적 삽상미가 도깨비 꼬리처럼 온데간데없이 사라져버리는 표현들을 자주 읽는다. 시에서는 여간해서 새롭다거나 특이하다는 반응을 얻어내기가 어려운 것도 이 같은 이유에서이며 그래서 쓸만한 한편의 시를 창작하는 일이 그만큼 지난하다는 일에 다름 아니라는 의미이기도 하다.

이겨울 시인의 작품 「물음표는 누구인가」는 사뭇 엉뚱한 발상에서 출발했지만 그만큼 재미있고 새롭고 특이하다는 점에서 성공한 시작품임을 밝히고 싶다. 작품은 시인이 의도한 '물음표'의 의인화에서부터 출발하였다. 작품을 독서하는 동안에 이에서 생긴 의문점이 하나 둘이 아니었는데 이들을 굽이굽이 거쳐서 다다른 곳이 하늘에 떠가는 '구름'이 누구의 이불이냐는 것과 인생을 하나의 물음표에다 연결한 것 등은 자못 탁월한 시적 성과로 보인다. 그러면서 '물음표'는 누구인가라는 설의적 표현은 '사람'의 차원에서 저질러진 시적 상황의 형상화라는 점에서 이 작품이 거둔 시적 효과는 결코 가볍지 않다는 생각이다.

안개에게도 입이 있다
안개와 절친한 석모도를 보라
왕성하게 안개가 먹지 않더냐

아무리 솔로몬 지혜라 해도
안개한테는 통하지 않는다
길을 걷는 연인들도
삽시간에 안개의 먹이가 되고
어둠까지 하얗게 표백시킨
안개의 지독한 아이러니들

뜨거운 가로등도
비틀린 다리 난간도
안개의 먹이가 되던 걸 보라

먹어도 먹어도 칭얼대는 안개
그 안개의 입을 본 사람은 아무도 없다
어머니 젖빛인 듯 순결하고 착한 안개
떠날 때는 하얀 빈손이더니
인생도 안개 닮은 한 마당이더니.

-「안개, 입이 있다」

"안개도 입이 있다" 재미있는 발상이고 설정이다. '안개'는 통상적으로 점령군의 이미지가 강한 사물이다. '안개'가 출몰하는 곳이면 덮어버린 주위사방은 요지부동의 상태여서 의외의 상황을 연출한다. 그만큼 안개가 보여주는 현실적 상황은 막막한 상황 그 자체이며 대책을 찾을 수 없을 만큼 막혔던 것들이 우리가 현실에서 갖는 안개에 대한 사물적 인식이다.

'석모도'를 먹어치운 안개의 식성

그런데도 그 '안개'에 입이 있다?면 무슨 얘기를 하려고 안개에서 입을 끌어냈는가 부터 살펴야 할 것인데 화자가 입이 있는 안개를 만난 곳은 뜻밖에도 "안개와 절친한 석모도"였던 모양이다. 석모도는 인천광역시 강화군 삼산면에 딸린 근해어업이 활발한 도서이며 지형상 안개가 자심한 곳이다. 그런데 이 석모도에다 목하 식욕이 '왕성한 안개'가 먹어치웠다는 섬뜩한 상황을 연출하고 있다.

자못 으스스한 분위기를 조성했으니 다음을 어떻게

열어갈려고 이러는가가 궁금해지는 것은 인지상정. 안개의 출몰이 자심한 석모도에서 이를 먹어치운 안개의 상황은 그 무엇에도 우선한 시적 특이함으로 설명할 수 있겠다. 그리고 안개가 커지면 "어둠까지 하얗게 표백시킨/안개의 지독한 아이러니들"에서 안개의 입을 통해 먹어치운 '석모도'는 어찌 되었을까가 걱정처럼 다가온다. 안개의 지독한 입을 살핀 다음 "뜨거운 가로등도/비틀린 다리난간도/안개의 먹이가 되던 것 보라"고 했다. 눈앞의 상황으로만 보면 보기 좋게 먹어치운 게걸스런 안개의 식욕 앞에 더 이상의 할 말을 잃는 것이 통상적 반응이라 하겠다.

이 같은 상황에서 바라보면 안개에게 먹히지 않는 것도 있을까 싶고 그 다음이 무엇일까를 생각하면서 안개의 식욕을 만족시킬 '안개의 입'은 또 얼마나 크고 왕성할까를 상상하게 된다. 안개는 현상적으로만 보면 속성이 움직이는 생물적 사물이다. 역사에서 읽었던 닥치는 대로 먹어치웠다는 고려 말의 '불가사리'라는 괴물이 '안개'의 이미지와 발맞출 수 있겠다는 생각을 하게 된다. 안개의 그 게걸스러운 식욕을 두고 먹어도 먹어도 칭얼댄다고 여긴 화자는 그럼에도 그 입을 본 사람은 아무도 없었다고 단언한다.

대저 우리가 살아오면서 안개의 입을 본 사람은 없었다지만 그럼에도 안개는 끊임없이 먹어치우기만 했었으니 이 노릇을 어찌한단 말인가. 그러다가 화자는 안개의 빛깔을 두고도 "어머니 젖빛인 듯 순결하고 착한 안개"라고 하였다. '젖빛'에서 생명 이미지를 생각게 하고 '순결하고 착하'다는 상상 또한 펼쳐낸 결과이다. 지금까지의 안개는 솔로몬의 지혜로도 어찌할 수 없었다는 것이며 막무가내의 속성을 식욕에 견주어낸 안개의 습성을 이리 완벽하게 표현한 것도 화자의 능력이라는 생각이다. 그러니까 시적 개연성을 통한 광역화한 사물적 의미 또한 생각해볼 수 있겠다. 이 같은 시적 표현의 반전 뒤에는 떠날 때는 안개 같은 하얀 빈손이더니 "인생도 안개 닮은 한 마당이더니"란 흐름을 만들었고 이에서 파생된 여러 의미 또한 이끌어내고 있다.

이겨울 시인이 거둔 시창작적 성과가 도처에서 괄목상대하다는 것은 이쯤의 표현으로도 시창작의 발분망식을 짚어볼 수 있고 위의 작품 「안개, 입이 있다」에서도 그의 작품적 늘품이 눈여겨지는 것은 물론이다.

> 아파트 난간을 목숨 같이 부여잡는다
> 물렁한 무릎을 끌어안고
> 죽고 싶다는 말도 거짓말
> 아코디언 연주하듯 계단을 오른다
> 거절할 수 없는 아픔이란 친구
> 칭얼대는 약 같은 눈먼 사투리
> 층계를 오르다 보면
> 내 좋아하는 노래조차 연결고리가 없다

시선은 더욱 희미해져 그림자로 눕고
산자의 무게에 아파하는 계단
주름 잡힌 페이지를 지신 밟듯 밟는다
적막을 베어 문 계단의 가쁜 숨소리
들숨 날숨 사이에 걸터앉는다
헐덕거린 숨소리에 계단도 맘 아파한다
몸에서 징소리 나면 마른기침으로 달래고
한쪽 모서리에서 자전거 페달이 꿈틀거리면
마지막 층계에서 나를 멈춘다

-「층계 아코디언」

나이가 들고 계단 오르기가 힘들어지면서부터 가끔씩 계단들이 의자로 보인다는 말을 하곤 하는데 마찬가지의 발상으로 아코디언의 음계를 짚어가면서 이것 또한 '층계'의 이미지가 떠오른다는 발상도 여전하다. 작품 속의 화자가 아니어도 우리 주변에 '아파트 난간을 부여잡'고 '물렁한 무릎을 끌어안고' 계단 오르기가 힘에 겨운 사람은 부지기수다.

사뭇 힘들어하다가 이리 살 바에는 죽는 것이 낫겠다는 말들을 하곤 하는데 이마저도 따지고 보면 하루라도 빨리 죽고 싶다는 노인네, 시집 안 가겠다는 처녀, 매번 밑지고 판다는 장사 등을 일러 3대 거짓말장이라는 우스갯소리가 유행하던 것과 겹쳐서 떠오른다. 이 작품에서 읽은 '죽고 싶다는 말도 거짓말'이라는 구절 등에서 불현듯 그 같은 생각을 연결지울 수 있겠다.

나이 들면 거절하거나 피할 수 없는 친구가 '아픔'이라는 친구라 한다. 그런데 이것을 두고 사투리까지 써 가면서 이런저런 사정을 얘기하며 오르는 '층계 아코디언'에서 문득 생각하는 것, "좋아하는 노래조차 연결고리가 없다"고 하였으니 이도저도 젊어서는 생각지도 못한 일들이 나이가 들어가면서 푸념 내지는 엄살만 늘어난다는 것이 작품 속의 화자의 생각인 듯하다.

모르긴 해도 저마다 직장을 제대하고 인생 후반기를 아코디언 동아리에서 만나 취미활동을 하는 화자가 하루하루 겪는 일상사를 물 흐르듯 이리 명징하게 풀어내고 있음도 그의 시창작을 돕는 활동의 일환임은 물론이다. 나이가 들면 병원이 직장이 되고 밥 먹는 일보다 약 먹는 일이 우선한다는 것조차 자연스럽게 찾아든 일상사 그 자체가 아니겠는가. 나이든 사람에게 젊은 시절의 일들을 꺼내놓고 그 모두가 부질없다고 말하면서 보이는 것마저도 제대로가 아니고 오나가나 눕고 싶다는 얘기뿐인데 이것이 어찌 작품 속의 화자뿐이겠는가.

터벅거리며 오르는 계단에서 나이든 사람의 무게가 실리면 그 무게로 하여 계단이 아파한다며 그래도 하루하루를 확인 도장이라도 찍듯 "주름 잡힌 페이지를 지신 밟듯 밟는다"는 표현 등은 살아있기에 스스럼없이 겪고 사는 일이 아니겠는가 싶다.

온전한 것들이 줄어들고 몸에서는 징소리 뿐

오가는 사람이 없다보니 아파트 계단에서 들리는 가쁜 숨소리는 고스란히 나이든 사람이 내뿜는 소리에 지나지 않을 뿐이다. 그리고 '들숨 날숨' 그 사이에서 '헐떡거린 숨소리에' 계단마저도 맘 아파한다는 인간들의 입은 그 모두가 애처롭다는 생각에 귀결된다. 나이든 사람에게는 하루가 다르게 온전한 것들이 줄어들고 몸에서 나는 징소리가 민망할 때면 이를 '마른기침으로 달'랜다는 말에서는 일면 연민의 감정 또한 흐르고 있다. 그러다가 생각해 낸 것, 자전거 페달이나 돌릴까를 생각해보지만 그 마저도 생각처럼 용이한 일이 아니었다.

그리고는 "마지막 층계에서 나를 멈춘다"는 표현에 이르면 이 모든 것을 달관의 눈으로 바라보는 화자에게서 가감 없이 읽히는 것도 이 작품의 분위기에 비추어 적절하다. 그 온전한 의미는 아니라도 작품의 문면에서 만난 고령화 사회가 실감나게 달겨드는 것 또한 강한 느낌으로 다가온다.

어머니 방에는 재봉틀이 앉아있다
청춘이 노리갯감이던 시절
비단장사 외조부 덕분에
가내공장 같은 천조각이 가득했다
양철지붕 위를 뛰어다닌
빗소리 같은 재봉틀 소리

어머니 뱃속에서 부터
내 옷은 엄마표였다

마당에 나서는 구름 재봉틀
빗줄기 바늘로 풀잎을 깁는다
꿈틀꿈틀 생명의 박음 소리 들린다
방에서는 어머니의 재봉틀이
자투리 시간까지 재단을 한다
촘촘히 마름질하는 사랑의 시간
비오는 날에 듣는 하모니였다

헌옷 기우려고 다시 뜯는 실밥에는
끊어진 관절 같은 구석자리가
너덜너덜 밀려나온 솜뭉치들이
상처에서 짜낸 고름 같았다
수제비를 떼어 넣듯 천 조각을 펼쳐놓고
가계부 앞에서 울먹이시던 어머니

저 세상에서도 구름 깁는 재봉사로
어머니의 일상은 바쁘시리라
비오는 날이면 어머니가 오시고
나는 어머니 곁에서
콧노래를 부르며 재봉틀을 돌린다.

-「재봉틀 소리」

위의 「재봉틀 소리」에서 우리는 화자 이겨울 시인의 가족사의 한 페이지를 읽을 수 있었다. "청춘이 노리갯감이던 시절" 어머니 방에는 다소곳이 재봉틀이 앉아있었다. 그리고 '비단장사 외조부 덕분'에 "가내공장 같은 천조각이 가득했었"음을 알 수 있다. 우선 여기서 확인되는 것, 화자의 외조부가 비단 장사를 하셨다는 것과 그 때문에 화자의 생활 주변에는 가내공장 같은 천조각이 상시로 널브러져 있었다는 것, 그리고 이들과 상대하듯 어머니 방에는 재봉틀이 위치했었다 등등이 우리가 이 작품에서 살필 수 있는 화자의 유년적 풍경들이다.

외조부의 비단장사는 넉넉한 생활정도를 말하는 것이 되고 그런 관계로 집에는 가내공장 같은 천조각이 가득했다는 건 그 시절이라면 긴 설명 없이도 생활 정도를 짚어내는 모습이기도 하다. 그리고 그 시절이라면 어머니 방에 앉아있는 재봉틀조차도 여느 가정에서나 접할 수 있는 흔한 광경은 아니었다. 더구나 초가지붕도 아니고 양철지붕이었다는 대목이나 그 "지붕 위를 뛰어다닌/빗소리 같은 재봉틀 소리"라니 이것은 여러 대의 재봉틀에서 나는 소리를 그리 표현한 것이 아니겠는가. 거기에다 화자의 배냇저고리부터가 '엄마표'였다는 건 어머니의 재봉틀로 모든 옷을 지어 입혔다는 애기와 매한가지가 아니던가.

이제 시인은 상상 중에 "마당에 나서는 구름 재봉틀"을 꺼내고 '빗줄기 바늘'로 풀잎을 기웠더니 그곳에서 "꿈틀꿈틀 생명의 박음소리 소리"가 들렸다고 한 것이다. 잠시 잠깐도 쉴 새 없이 재봉틀 작업을 위해 마름질을 하는 어머니의 그 모두는 '사랑의 시간'을 재고 자르고 깁는 일에 다름 아니었다. 그 일을 두고 화자는 "비오는 날에 듣는 하모니였다"는 표현에 이르는데 이는 절창에 가까운 표현이라 하겠다. 화자에겐 이처럼 그 시절의 소리나 광경이 두루 좋았던 모양이고 이를 탁월하게 재현한 일에 상당세월을 보냈었고 이를 통해 이겨울 시인의 음악성 또한 길러졌겠다는 생각도 빼놓을 수 없는 부분이다.

이겨울 시인이 마름질하거나 수선하는 어머니 곁에서 내내 지켜본 것 하나, 헌옷을 기우려고 '다시 뜯는 실밥에는' 밀려나온 너덜너덜한 솜뭉치들이 "상처에서 짜낸 고름 같았다"고 하였다. 그 시절에도 그 같은 광경만은 그리도 싫었던 모양이다. 그들 작업과정에서 "수제비를 떼어 넣듯 천 조각을 펼쳐놓고" 가계부 앞에서 어머니가 울먹였다는 대목은 모르긴 해도 쪼들리는 형편에 예산 맞추기가 어려운 것을 그리 표현한 것이 아니겠는가. 이제 어머니는 가셨지만 "저 세상에서도 구름 깁는 재봉사로/어머니의 일상은 바쁘시리라"는 화자의 상상은 재봉틀 소리 앞에서 펼쳐낸 이겨울 시인만의 생체험적 표현이리라.

비오는 날이면 화자에겐 어머니의 재봉틀 소리가 자연스럽게 재현되고 그럴 때마다 어머니가 오신다는 상상에다 그 어머니 곁에서 "콧노래를 부르며 재봉틀을 돌"렸다는 화자의 지난 시간들을 어머니와 동일 감정으로 공유하겠다는 생각은 그만큼 그 시절의 일이 간절함에 터잡고 있다는 증거이다.

봉황새는 오동나무만 앉는다더니
오라는 봉황새는 없고
까치 한 마리 반겨주었다
보랏빛 눈발처럼 날리는 오동꽃
보랏빛 종소리가 들렸다

귀를 열고 음 고르던 몸이 굵은 이파리들
보랏빛 실루엣 같은 흔들림을 따라
한 줄금 소낙비로 가락을 고르는
저 오동나무 속에는
얼마나 많은 음표들이 살고 있는지

천년의 소리가 거문고 되고
옭아 멘 매듭 풀어 장롱에 넣었더니
초가집 댓돌 위에 오롯한
나막신 한 켤레

저리 장대한 나무의 기골에도
언젠가는 마침표를 찍고
천년소리를 저장하고 말리라

오동나무 마지막 소원은
가난한 시인과 한 짝이 되고

시를 받아 몸 섞다가

흙에 싹틔우고 우거지고 싶다네.

-「오동나무 천년소리」

「오동나무 천년소리」를 독서하면서 문득 옛날 어른들이 늘상 하시던 말씀이 생각난다. 아들 지상주의의 시대이니 그럴 만도 했겠지만 딸을 출산하면 그 시간부터 부모들은 출가시킬 자식 걱정에 그 실제적인 준비로 오동나무를 심었다는 이야기는 그나마 그 시대를 위안 삼을 수 있는 부분이었다. 오동나무는 성장 속도가 빠른 관계로 일단 심어만 두면 딸아이를 출가시킬 쯤이면 그 나무를 베어서 장롱을 제작하여 시집보낼 수 있었다는 것이다.

오동꽃에서 보랏빛 종소리를 들었다

그러니 시집보낼 밑천으로 심었던 나무가 오동나무라는 것 아니겠는가. 세상이 달라져서 이제는 그 같은 걱정이 되레 아들 쪽으로 옮겨갔지만 지금 생각해봐도 출산한 딸을 두고 오동나무를 식재한 일은 딸의 백년대계를 위한 발 빠른 구상이면서도 뒷맛이 씁쓸한 것 또한 사실이다. 화자는 그 오동나무에 대한 이야기를 「오동나무 천년소리」에다 담으려 하였다. 그리고 이 작품은 우리가 항용 가깝게 인용하는 동천년로항장곡桐千年老恒藏曲 매일생한불매향梅一生寒不賣香(오동나무는 천년을 살아도 항상 노래를 간직하고, 매화는 일생을 춥게 살아도 그 향기를 팔지 않는다.)에 기초하고 있다. 죽어서도 살아서도 귀하다는 오동나무에 비유하여 힘들고 어렵지만 자존심만은 잃지 말라는 귀한 가르침을 담고 있다.

작품은 시작부터 오동나무만을 가려서 앉는다는 '봉황새'가 등장한다. 그렇지만 작품이 말하기로 오라는 봉황새는 아니 오고 불청객 까치 한 마리가 깍깍거리며 반겨주었다고 했다. 바야흐로 오동꽃 꽃잎들이 '보랏빛 눈발처럼 날리는' 중에 종처럼 생긴 오동꽃에서 보랏빛 종소리가 들렸다는 상상은 시적 순발력 또한 만점이라 하겠다. 이 부분만으로도 이 작품은 성공적인 절창이다.

코끼리 귀처럼 나풀대던 '몸이 굵은' 오동이파리들이 '귀를 열고' 음을 고르던 "보랏빛 실루엣 같은 흔들림을 따라" 한 줄금 소낙비로 가락을 고르는 오동나무를 두고 화자는 그 나무속에 "얼마나 많은 음표들이 살고 있"을까 를 궁금해 한다. 이는 위의 오동나무를 통한 시적 영감의 자기 확대이며 궁금증이 약여한 대단한 시적 발견이라 하겠다. 우리는 새삼 이겨울 시인의 시적 역량을 확인시켜준 이 같은 표현들을 한자리에서 마주 하고 있음이다.

"꿩 대신 닭이랄까." 아니 이도 아니라면 외려 시인이 여기에서 발견한 것은 "천년의 소리가 거문고가 되"었다는 것이니 그 표현의 탁월함도 그렇거니와 여기서 제작한 거문고를 '옮아 멘 매듭 풀어 장롱에 넣었'다고 한 부분이나 그 거문고를 켜기 위해 장치한 '초가집 댓돌'이나 오롯이 놓인 나막신 한 켤레까지도 독자들의 눈길을 끌기에 충분하다. 풍채가 장대한 나무는 노래 소리 또한 쉬지 않더니 삼천갑자 동방삭이도 떠날 때가 있었듯이 오동나무 또한 "언젠가는 마침표를 찍고" 천년소리를 저장한 자리에 서고 말리라는 발언이 이 같은 시적 효과에 나아가 있다.

이 대목에서 생각나는 것, 시인이란 살아생전에는 작품을 쓰지만 그 작품은 시인이 이 지상을 떠난 뒤에도 그 시인만을 지키며 많은 사람들에게 애송되는 것과 동일 이치가 아니겠는가. 그러면서 일으킨 시인의 생각이 "오동나무 마지막 소원"으로 환치되었고 "가난한 시인과 한 짝"을 이루면서 '시를 받아 몸을 섞다가' 그 시를 종자처럼 "흙에 싹틔우고 우거지"게 하고 말리라는 생각으로 이 작품은 마무리에 든다.

> 금 간 항아리 틈새로 기어 든 달빛
> 한줄 그리움에 지친 듯 스러지고
> 무심한 시간을 구제받는 순간
> 잠자리 술래잡기인 듯 얼굴을 맴돈다
> 너의 젖은 옷소매에서 찔레꽃 향기
> 천년을 살아온 코끝에 걸려있다

얼굴 가려 우는 야윈 어깨가 부끄럽던 밤
몽고 반점만한 사랑도 배불리면서
달빛을 현악기 삼아 부르던 우리들 노래
꿈같은 고통이 눈물의 언어가 될 줄이야

금방 사라진 하품 같은 그 노래
물방울 같은 사랑이 적힌 노랫말
우박이 온몸에 구멍 숭숭 뚫어도
너도 할 수 없는 말
나도 마찬가지로 말할 수 없다.

-「비밀」

털어놓으라는 '비밀'이 얼마나 대단한 것이면 그걸 일러 "우박이 온몸을 구멍 숭숭 뚫어도"라 표현했을까. 꽁꽁 숨겨두고 무덤까지도 가져가자던 "물방을 같은 사랑이 적힌 노랫말"을 그리도 엄격하게 지키려던 화자만의 비밀은 무엇에 근거하는 것일까. 더도 덜도 숨길 것 없이 작품 제목이 「비밀」인 것에 주목할 필요가 있다.

'비밀'의 사전적 의미는 "숨기어 남에게 드러내거나 알리지 말아야 할 일"로 정의하고 있다. 그런가 하면 "밝혀지지 않았거나 알려지지 않는 내용" 따위의 말이기도 하다. 그러니까 '비밀'이란 어휘의 주변에는 '불가사의', '비공개', '속비밀', '신비', '엄비', '천기', '기밀' 등등의 말들이 저마다의 유기성으로 어우러져서

이 말이 지닌 언어적 깊이 또한 평범하지가 않다는 것을 생각게 된다. 동일 선상에서 진입한 「비밀」에의 독서는 "금 간 항아리 틈새로 기어 든 달빛"으로부터 시작된 이야기였다.

천년을 살아도 옷소매는 젖는다

어딘가에 숨어있을 것 같은 아련한 심정적 '그리움'이 자못 '지친 듯 스러'질 것만 같다는 것이며 우리가 감 잡은 화자의 생각이 이 같다 하겠다. 마찬가지로 지친 듯 스러질 '한줄 그리움'이야 독자의 입장에서는 장히 궁금하였겠다. 하지만 그래서 "잠자리 술래잡기인 듯 얼굴을 맴돈다"고 한 것 또한 더더욱 유심히 들여다보게 된다. '그리움'과 함께 벌이는 술래잡기에는 이 굽이 저 굽이를 거쳐나가는 화자의 심적 방황 내지는 간절함이 숨 쉬고 있다. 그런데 그 그리움이란 게 '천년을 살아온' "너의 젖은 옷소매"에서 '찔레꽃 향기'가 걸려있었다고 한 것이다. 금방 들통 날 만큼 그리움은 크고 광활하고 간절한 것이어서 천년을 살아온 코끝임에도 젖어 내린 옷소매에선 찔레꽃 향기가 번진다고 했다.

앞의 '젖은 옷소매'는 눈물을 닦아서 그리 된 것임을 단박에 알 수가 있고 그로 하여 "얼굴 가려 우는 야윈 어깨가 부끄럽던 밤"이란 것도 생각 여하로 궁금한 부분이다. 새삼 한번쯤은 반전이 필요한 부분에서 반전을 읽은 것이다. 하찮은 사랑을 '몽고 반점만한 사랑'이라 한 것도 특이표현이 되기에 충분하고 '배불린'다는 말 또한 행동하면서 그리 표현하라는 말이 아니었나 싶다. 이야기는 더 이어져서 "달빛을 현악기 삼아 부르던 우리들의 노래"가 꿈같은 고통 속에서 '눈물의 언어기 될 줄'은 생각지도 못했다는 것이 이겨울 시인의 「비밀」이 갖는 언어미학적 질량감일 것이다.

이제 달빛을 현악기 삼아 함께 불렀다는 우리들의 노래가 '금방 사라진 하품 같은 노래'가 된 것은 생각하기에 따라서는 상황에 대한 반어적 인식을 그리 표현한 것으로 보인다. 그러나 화자의 시적 의중은 여전히 견고하여 "물방울 같은 사랑이 적힌 노랫말"이 '우박이 온몸에 구멍 숭숭 뚫어도' 여전히 양보할 수 없는 말이 되고 말았음이다. 그리고 가슴에다 묻었을 뿐 네가 할 수 없는 말은 나 또한 말 할 수 없었다는 것을 다짐처럼 제시하면서 작품은 마무리에 다다랐다.

우리는 이겨울 시인의 작품들을 독서하면서 다음과 같은 생각들을 얻어낼 수 있었다. 「밤배」에서 읽은 '선창'이미지는 이겨울 시인의 여러 시작품을 감싸고도는 서정성 내지는 트랜드로서 손색이 없겠다는 생각이다. 실지 살아 꿈틀대면서 목숨을 밝힌다든지 돌아갈 항구를 잃고 방황하는 밤배라든지, 출렁출렁 말을 하는 벙어리 밤배 등의 표현을 통해 붕대처럼 풀어낸 멀고 먼 그리움의 속 깊은 현상들을 질 고운 표현으로 읽을 수 있었다.

「물음표는 누구인가」에서 우리는 새삼스럽게도 인생은 하나의 물음표라는 전제와 마주하게 된다. 그리고 '구름'이라는 자연물을 끌어들여 빨래터와 이불 이미지를 기발하면서도 신선하게 직조하고 있다. 이 작품 「물음표는 살아있다」는 맞물린 몇 굽이의 의문과 함께 언어적 반전 등이 볼만하고 시적 이채로움 또한 가볍지가 않았다.

「안개, 입이 있다」에서 '안개'는 특징적으로 활유화된 사물이다. 그만큼 생명력이 왕성한 소재이며 안개가 자심하기로 유명한 '석모도'를 먹어치운 게걸스런 안개의 식욕이나 현상 등에서 점령군의 이미지 또한 읽을 수 있었다. 인생도 안개 닮은 빈 손이라거나 '한마당'이라는 배경 뒤에는 젓빛 생명이미지 또한 눈여겨 읽을 수 있었다.

「층계 아코디언」에서 우리는 힘겹게 오르내리는 '층계의 이미지'를 '아코디언의 음계'로 환치하고 여기에서 내뿜는 가쁜 숨소리를 짐짓 민망해 하다가 '마른기침'으로 달랜다는 표현 등은 눈여겨 읽히는 부분이었다.

「재봉틀 소리」에선 이겨울 시인의 넉넉했던 가족사의 한 부분이 읽히기도 했으나 그 이면에는 천 조각을 펼쳐놓은 가계부 앞에서 울먹이는 어머니의 이야기 또한 삽화처럼 읽을 수 있었다. 「오동나무 천년소리」에서 우리는 지금은 사라진 풍속이지만 딸자식은 낳자마자 그 즉시 식재했다는 오동나무를 통해 한 시대의 풍속을 읽을 수 있었고 '보랏빛 눈발처럼 날리는' 종처럼 생긴 오동꽃에서 보랏빛 종소리를 들었다는 표현 등은 이겨울 시인의 시적 탁월함 내지는 기발함을 보이는 대목이라 하겠다.

한줌 그리움에서 뽑아내어 노래한 「비밀」의 시적 키워드는 뭐니 뭐니 해도 '금방 사라진 하품 같은 그 노래'였을 것이다. 그리고 '우박이 온몸에 구멍 숭숭 뚫어도' 여전히 양보할 수 없다고 여긴 것은 '물방울 같은 사랑'이 담긴 구절들로 대신하고 이쯤에서 이겨울 시인의 시적 질량감이 만만치 않았음을 살필 수 있었다.

이겨울 시인의 작품들은 도처에서 고향산천에서 연유한 '선창'이라든가 '바다'이미지가 읽히는 것은 자연스러운 일이라 하겠다. 그의 고향 '완도'는 장보고의 해상왕국으로 조선조 최고의 시인 고산 윤선도 선생의 보길도가 이 지역의 시적 풍광으로 밑 받쳐져 있다. 그가 대한민국국회와 한국문화원연합회가 공동 주최한 '국민의 시' 공모에서 영예의 대상을 안은 작품도 제목이 「선창」이었음다. 여기에다 이번 시집의 평설의 머리를 장식한 「밤배」의 시적 서정성 또한 선창을 들고나는 선박들의 이야기인 것은 결코 우연을 넘어서는 일이라고 생각한다.

그리움을 얹어서 안착한 시적 고지

이겨울 시인의 이번 시집 『별을 주워담는 가난』을 채우고 있는 작품들은 상당수가 시인 자신이 그토록 오르고 싶었던 자신만의 시적 고지에 안착했음을 보여주었다. 시인이 체험하고 만나는 사물에의 모든 표현들은 고스란히 그 시인만의 시적 자산이다. 그것들은 또한 그리움이라는 안료를 도포塗布하고 매장에 전시되는 예술품처럼 시라는 제품으로 세상에 나와 독자와 만난다. 이런 연유로 이겨울 시인의 시작품들이 독자들의 시선을 견인할 것을 평자로서 의심치 않는다. 그리고 그가 이번 시집에서 거둔 시적인 이채로움과 탁월함과 새로움을 더하여 독자들에게 더 많은 사랑을 받는 행운 또한 함께하기를 기원하는 바이다.